Ninguém gosta de auditores

Otacilio Olheiro

Ninguém Gosta de Auditores

Letramento

Editores:
Gustavo Abreu

Projeto gráfico, Diagramação e Revisão:
LiteraturaBr Editorial

Capa:
Luís Otávio Ferreira

Dados Internacionais de Catalogação na Publicação (CIP)
Bibliotecária Juliana Farias Motta CRB7- 5880

O459n Olheiro, Otacilio

Ningúém gosta de auditores / Otacilio Olheiro . -- Belo Horizonte, MG : Letramento, 2016.
136 p.: 21 cm.
Inclui referências

ISBN: 978-85-68275-85-6
1. Auditoria. I. Título. CDD 657.45

Grupo Editorial Letramento

Belo Horizonte - MG
Rua Cláudio Manoel, 713
Funcionários
CEP 30140-100
Fone 31 3327-5771
contato@editoraletramento.com.br
www.editoraletramento.com.br

Sumário

Introdução

Acho que eu nasci realmente para trabalhar na área da qualidade e gestão. Em meu primeiro trabalho, em uma indústria da área têxtil, fui designado para trabalhar em uma área que eu, com minha inexperiência nem sabia o que significava: "Quarto da fiação". Na verdade era o Controle da Qualidade da área de fiação. Depois disso, cursando a faculdade de tecnologia em Sorocaba, no estado de São Paulo, fui estagiar em uma fábrica metal mecânica e, obviamente, fui indicado para o Controle da Qualidade, por pura coincidência.

No principal trabalho da minha carreira, na Pirelli Cabos, em Sorocaba, insisti para trabalhar no setor de manutenção. Fui admitido nessa área e, após trabalhar na elaboração do plano da manutenção preventiva, houve uma necessidade imediata e fui "temporariamente" para a Qualidade e lá fiquei por quase 15 anos.

Nessa fase, entendi que sorte é estar na hora certa, no lugar certo. Aconteceu o lançamento das normas ISO 9000 e eu, como sendo da área, foi envolvido na sua elaboração.

Em 1993, entrei num projeto do INMETRO, com bolsa do CNPq, para difundir as normas ISO pelo Brasil. Uma vez selecionado fui indicado para trabalhar no núcleo do Ceará. Mudei-me com a família para Fortaleza, aos 40 anos de idade, com dois filhos pequenos e muita insegurança, afinal, nessa época, 40 anos já era tido como "final de carreira". Mal sabia que ela estava apenas começando. Em 1996, fui convidado a auditar pelo BVQI. Naquele momento, não havia nenhum auditor na região. Fiz o treinamento de auditor líder em Campinas, estado de São Paulo, e comecei minha carreira como auditor.

Nunca escapou em nenhum evento o fato do meu sobrenome ser super adequado à função, afinal, olheiro parece ser predestinação mesmo!

Hoje, sinto falta de um material técnico sobre o assunto, que ensine mais do que os cursinhos tradicionais de auditorias da qualidade ou de gestão, que conte o que passa e como vive um auditor. Essa é a pretensão deste livro. Gostaria de contar minha experiência, ao mesmo tempo em que dou "dicas" de auditoria e todo esse trabalho no qual acredito e que, tenho certeza, ajudou e poderá ajudar na melhoria de tantas empresas pelo Brasil.

É BOM SER AUDITOR?

A vida entre um avião, hotel e empresa

Sempre que converso sobre pessoas sobre minha experiência, a primeira pergunta que surge é: É bom ser auditor? Ganha bem? É difícil? Sendo assim, vou tentar esclarecer algumas dessas dúvidas.

Acredito que para tudo o que se faz na vida deve haver paixão. Não consigo imaginar nenhuma atividade sem esse componente.

Para auditores não é diferente. Se você não gostar, e muito disso, não vai dar certo. Conheço muitas pessoas competentes, mas que começaram e logo abandonaram a atividade.

Vamos começar pela parte financeira: É difícil para mim entender o que é ganhar bem. É muito relativo. Às vezes, o que se faz com pouco dinheiro traz mais felicidade do que com muito. Sempre acreditei nisso. Um auditor não ganha muito dinheiro. O salário normalmente é o mesmo que um engenheiro ou um administrador ganharia gerenciando uma empresa. Então, se a motivação for ficar rico, pode esquecer.

Conheço dois tipos básicos de contrato: O contratado formal de um certificado, chamado de auditor CLT e o subcontratado, ou que mantém contrato de prestador de serviços, o PJ (Pessoa Jurídica).

O CLT tem a vantagem de ter salário fixo e benefícios da lei, como férias, décimo terceiro, etc. Já o PJ tem uma remuneração direta um pouco maior, mas sem nenhum benefício.

O problema de ser CLT é a vida que vai levar: não dá para escolher auditoria, nem local, nem horário de deslocamentos, etc.

Sempre fui PJ, devido à flexibilidade que posso ter em vários desses pontos que mencionei.

Outro ponto importante a considerar são as viagens: Auditor passa mais tempo em avião do que em casa, dorme mais em cama de hotel do que na própria cama e sempre come fora. Se uma pessoa estranha cama ou comida, nem pense em ser auditor.

Aí, as pessoas pensam: Muito bom viver viajando, conhecer tantos lugares. Outro engano, normalmente o auditor conhece o aeroporto, hotel e empresa e o caminho entre esses pontos. É raro conseguir uma folguinha para conhecer um local turístico.

De toda forma, se o auditor tem certo amor pela aventura e pelo turismo, como eu, sempre dá para fazer alguma concessão, esticar a viagem, passar final de semana na cidade e, claro, pagar por isso.

Não pense que auditor sempre come em bons restaurantes e pratos caros. Nada disso.

Vou contar um caso: Fui auditar uma empresa estatal em uma pequena cidade do interior. Na hora do almoço do primeiro dia, o meu guia me disse que "eles" iriam num *self service* e perguntou se eu gostaria de ir. Não tinha opção. Era aquilo ou passar fome. Fui.

Chegamos a um posto de gasolina, com um pequeno restaurante, sem ar condicionado e umas 3 ou 4 mesas. Fui lavar as mãos enquanto o pessoal já ia fazer os pratos. Quando cheguei para almoçar, não tinha mais lugar para sentar! O pessoal sentou e almoçou e me deixou de lado. Fiz um prato e fui sentar em uma mesa com o pessoal que estava de passagem e cedeu-me um lugar.

Histórias de hotel também são interessantes: De um feito, cheguei a uma capital do nordeste por volta de 23h e fui pro hotel indicado. Só havia um quarto, que estava a minha disposição, mas num anexo! Sem opção, fui para o quarto. Um cheiro insuportável de mofo. Quando ligo o ar-condicionado, quase tenho um infarto pelo barulho. Ligo na recepção e me informam que no dia seguinte alguém iria resolver... Como assim, só vou passar uma noite! Ou era dormir lá ou...

Além das viagens longas e cansativas, mudanças diretas de local e clima, há o inconveniente de não ter vida social. Vai ter uma reunião de amigos durante a semana? Futebol com amigos? Fazer cursos à noite? Tudo isso fica em segundo plano. Normalmente, o auditor está viajando.

Sempre joguei futebol às quartas feiras à noite. Como viajava muito, perdia a maior parte das semanas. Uma noite, estava num hotel sem atividade nenhuma, louco de vontade de estar em casa e poder ir jogar e não podia. Ligo a televisão e a rede Globo anuncia um jogo de futebol após a novela. Pensei, menos mal, vou jantar e assistir a partida. Na hora do jogo, o sinal foi cortado para aquela região do país e passou um daqueles filmes enlatados. Olhei para o frigobar e havia 5 chocolates. Comi um enquanto assistia a única opção enquanto esperava o sono. Comi o segundo. Quando percebi, tinha comido os 5... Passei a noite toda enjoado, com enxaqueca. Certamente, a culpa não foi do futebol, nem da viagem, mas da Globo...

Auditores casados têm ainda mais problemas, normalmente acaba em separação. Não há parceiro ou parceira que aguente uma pessoa que nunca está em casa e quando está ou fica fazendo relatórios ou pior, preparando a próxima saída...

Tem também um caso interessante, de uma viagem num domingo para auditar uma empresa no estado de Sergipe. Verifiquei a logística e vi que constava uma viagem no início da noite de domingo, escala em Recife, conexão em Salvador e por último Aracajú. O hotel era o São Francisco, no qual iria ficar dois dias. Quando finalmente cheguei a Aracajú, já era umas dez da noite. Solicitei um táxi e a atendente me informa que não existe hotel com esse nome em Aracajú! Pergunta daqui, chama um taxista experiente e realmente não existia. O que fazer nessa altura? Como pessoa experiente, fui para um hotel tipo "Express" e solicitei uma diária pela qual paguei. No dia seguinte, por volta de oito da manhã toca meu celular e o responsável pela empresa, desesperado, me informa que o tal Hotel São Francisco era, na verdade, no interior do estado, já no estado de Alagoas e a informação havia chegado com falta de dados. Eu deveria ter dormido em Aracajú, só que em outro hotel e viajado de carro, de manhã para auditar. Coisas que o tempo vai ensinando...

Mas há o lado bom. Penso que o melhor de auditar é criar uma rede social fantástica em quase todas as cidades. Fiz grandes amigos auditando, tanto outros auditores quanto o pessoal das empresas. Hoje, a cada cidade que passo, tenho amigos para por a conversa em dia.

Outro fator positivo é o conhecimento adquirido. Não existe outra forma de aprender tanto. Já auditei empresas públicas e privadas, grandes, enormes, multinacionais, pequenas, micros. Auditei uma que só tinha dois funcionários:

marido e mulher. Pedi o organograma só para quebrar o gelo. Auditei indústrias, hotéis, serviços públicos, hospitais, banco de sangue, serviços, transporte de carga e pessoas, enfim, um sem número de empresas que me ensinaram infinitas lições. O conhecimento foi tanto que me atrevi a escrever esse livro.

Capacitação

O que é preciso para ser um auditor

Formalmente para ser um auditor, o candidato precisa ter um grau de instrução definido em norma. É exigido o segundo grau, mas nunca conheci um auditor que não tivesse curso superior.

Ao contrário do que se pensa a princípio, essa não é uma área necessariamente ocupada por engenheiros. Qualquer tipo de formação pode atender à exigência, dependendo da área que o organismo certificador atue e que o auditor se especialize. Conheci uma excelente auditora formada em Letras. Absolutamente dedicada, conhecimentos sólidos da norma e das técnicas de auditoria, era mais solicitada em serviços, área pública, escolar, entre outras, mas quando atuava em equipe, fazia excelente papel na área técnica.

Além da formação, é necessário fazer o curso de auditor líder, que os organismos oferecem. É um curso com investimento alto, em torno de três mil reais, com duração de uma semana e capaz de deixar todo mundo louco, inclusive quem ministra as aulas. É muito cansativo, imersão total por uma semana, de oito da manhã até a hora em que os trabalhos a serem apresentados no dia posterior acabam e podem avançar noite adentro.

Fiz o curso de auditor da qualidade em Campinas, como já citei, posteriormente fiz o curso para auditor ambiental em Fortaleza e o de segurança do trabalho também em Campinas, porém em outra instituição. Fui aprovado nos três na primeira prova, embora o índice de aprovação seja razoavelmente baixo. De toda forma, o candidato não aprovado tem direito a segunda chance pelo período de um ano e não há nenhum problema em fazer mais de vez a prova, pois é difícil mesmo. Lembra os vestibulares do meu tempo.

Uma vez aprovado, resta ao candidato buscar uma vaga em uma certificadora. Ë como buscar um emprego mesmo, porém normalmente os auditores são convidados pelos trabalhos realizados.

Na sequência, vem a fase de auditorias como Observador e auditor membro de equipe.

A minha primeira auditoria como observador foi inesquecível. Vale a pena lembrar.

Lá pelo ano de 1996, uma empresa cearense estava buscando a certificação e me convidou para um ciclo de palestras de forma a envolver o pessoal no sistema. O auditor que viria a fazer a pré-auditoria (não serve para certificação, apenas uma prévia), era tido como terrível. A fama o antecedia. Fiz uma solicitação formal ao organismo certificador para acompanhar a auditoria que me serviria no futuro de observação e foi aceito. Nesse tempo, os auditores eram muito formais no vestir, usavam terno completo e se exigia isso dos observadores.

Na reunião de abertura, o auditor, que não é lá muito alto, já tinha pouco cabelo e o sobrenome de uma fruta, posicionou os participantes e deixou-me obviamente bem no fundo. Fez a abertura normalmente, mas com muita solenidade. Ao final, declarou, olhando para o diretor, algo mais ou menos assim:

Já que nessa auditoria teremos um observador, solicito a ele que se limite a observar, não emitindo qualquer parecer ou gestos que interfiram na auditoria. Não faça perguntas ou se posicione ao longo dos trabalhos. Se houver alguma pergunta, anote e, se houver tempo, posso procurar esclarecer, mas não me comprometo com isso.

Claro que não abri minha boca durante a semana toda...

Passado o tempo, trabalhamos juntos quando ele veio para o mesmo organismo onde sempre atuei. Praticante de *off road*, tornamo-nos grandes amigos, mas me convenci a jamais adotar esse tipo de atitude.

Mas o que mais importa na formação de um auditor é a experiência. Ninguém se torna um bom auditor sem ter passado muito tempo aprendendo com as empresas, errando e acertando. Enfim, é necessária muita hora de voo para se considerar um auditor.

Tipos de auditores

Formalmente existem alguns tipos de auditores: Quando se é contratado por um organismo certificador, primeiro é necessário que se atue como Observador.

Nessa etapa, ainda não se audita, apenas assiste a auditoria. Parece um estagiário de auditor. Os organismos definem a duração desse estágio que normalmente não é remunerado.

Uma vez aprovado nessa etapa, inicia-se como auditor membro de equipe, ou seja, pode realizar auditoria como participante de equipe, mas não pode auditar sozinho. Novamente aprovado nessa fase, que já é remunerada, atinge-se o estágio de auditor líder e já pode realizar auditorias individualmente ou liderar equipes.

Existe ainda a variável de Especialista. São profissionais não auditores, especializados numa determinada área, que dão suporte técnico a equipe auditora.

Vamos dar um exemplo: Numa auditoria de certificação num banco de sangue eu atuei como líder, numa equipe de dois auditores. A especialista tinha muito conhecimento da área e toda vez que necessitávamos ir a uma área técnica ela acompanhava e ia esclarecendo e indicando as melhores práticas, o que era importante ser verificado e assim por diante. No meu caso, que não posso ver sangue, foi de muita utilidade.

Quando existe uma equipe em que mais de um auditor já está classificado com líder, aquele que tiver mais conhecimento ou mais expertise na área é indicado como líder.

Ser líder é um péssimo negócio. O bom mesmo é ser parte da equipe. Além de tudo, o membro fica brincando com o líder, oferecendo cafezinho ou biscoito.

Cabe ao líder fazer todo o planejamento, liderar a equipe, corrigir os planos ao longo da auditoria, formalizar o relatório ao final e ainda resolver eventuais conflitos. É muita encrenca e o salário é o mesmo.

Essa é a classificação formal, mas existem outros tipos de auditores que gostaria de descrever.

O que pode influenciar na decisão de ser um auditor são algumas habilidades, que não são muito explícitas, mas são fundamentais para um auditor.

A primeira é liderança. O auditor deve ser sempre um líder. Quem lidera a auditoria é o auditor. Existem diversas empresas em que, se o auditor não exercer a liderança, os profissionais, por "esperteza" ou característica, conduzem o auditor e isso pode ser muito complicado.

O primeiro passo é definir a agenda da auditoria. Esse é um papel do auditor líder. Evidentemente, existem situações na empresa que requerem bom senso e alteração naquilo que foi programado.

Por exemplo: na auditoria que realizei na semana que escrevia esse capítulo, fui a uma indústria e o plano previa auditar o setor de Produção. Acontece que essa área, em função do mercado, estava parada desde a última auditoria. Fui verificar no *tour* realizado e comprovei que realmente estava. Não tinha sentido auditar ali. Então, sugeri trocar essa atividade por outro processo que estava ativo, como a área Comercial.

Isso não quer dizer que se deixe a cargo da empresa escolher as áreas auditadas.

Às vezes, o auditor deve se posicionar com certa firmeza. Em um evento na cidade de Fortaleza, estava fazendo parte de uma equipe e não era o líder. Na reunião de abertura, que vou detalhar mais à frente, fomos informados que quem acompanharia a auditoria seria o técnico de segurança, responsável pela empresa e o responsável pelo Controle da qualidade. A empresa tinha contrato com uma consultoria, mas os consultores não iriam assistir a auditoria. Ao longo da semana, várias não conformidades foram levantadas, identificadas e consensadas com os guias. Ao final dos trabalhos, já na hora de terminar a auditoria, na reunião de abertura, eis que surge um "diretor", que não havia aparecido até então e um consultor da empresa, querendo que todas as não conformidades fossem novamente discutidas e que não concordavam com a maioria. Nessa hora, o auditor não pode abrir mão da autoridade e deve manter o que foi discutido a semana toda.

Cabe ao auditor líder informar os canais que a empresa pode utilizar, mas não deve deixar que o trabalho seja tumultuado nesse ponto.

Outro ponto fundamental é ter um bom relacionamento com pessoas. Auditor trabalha o tempo todo entrevistando pessoas, de todos os níveis e sempre se depara com todo tipo de gente. É fundamental gostar de trabalhar com pessoas e saber distinguir aquelas que estão nervosas, são simples, daquelas que estão a fim de atrapalhar a auditoria. Acredito que esse seja o ponto mais difícil dessa atividade.

Vou contar o dia em que me tornei o homem mais bonito do mundo tendo de lidar, justamente, com uma pessoa que, aparentemente, era envergonhada...

Estava auditando uma empresa na qual trabalhavam muitas mulheres. Era uma empresa da área médica, que tinha um setor com muitas mulheres, que faziam o mesmo trabalho, em mesinhas individuais.

A minha guia me explicou que todas faziam o mesmo trabalho e tinham a mesma formação, portanto, eu poderia escolher qualquer uma para entrevistar.

Como estava perto de uma funcionária, pedi para falar com ela e foi algo realmente engraçado.

A senhora que eu queria entrevistar colocou a mão direita sobre os olhos, impedindo de olhar diretamente nos olhos e exclamou: Justamente eu? Por que não escolhe outra?

Nesse ponto, eu poderia ter trocado, mas era uma questão de princípio falar com ela. Eu me apresentei e disse: Não precisa ficar nervosa, eu só quero saber o que você faz no seu dia a dia, como você executa essa atividade. E complementei: Vamos lá, o auditor não é tão feio assim...

Ela emendou sem pensar: Feio? O senhor é lindo, é um gato, mas fale com outra pessoa...

Senti-me o Brad Pitt.

Mas entrevistei ela mesmo.

Existe outro caso que retrata bem o que se vive numa auditoria.

No começo da minha carreira, assisti uma auditoria numa empresa de construção civil. O auditor de outro organismo autorizou que o acompanhasse. Na obra, o auditor, que era bem alto, seguiu um pouco a minha frente com o engenheiro e eu me coloquei um pouco atrás com a responsável pela empresa. Lá pelas tantas, observei um funcionário, baixinho, com uniforme bem limpinho, que sempre aparecia a nossa frente, andando de um lado para outro. Comentei com a minha acompanhante e o auditor, que ouviu meu comentário, virou e comentou que também havia observado que o "baixinho" sempre aparecia e ficava olhando o grupo. Nisso, mais uma vez aparece o dito cujo. O auditor não perdoa: Por favor, o senhor pode vir até aqui?

Ele não se fez de rogado: Pois não doutor, o que o senhor quer saber? E deitou a falar: nossa política é isso e tal e coisa, eu fui treinado no meu serviço, faço sempre o melhor... enfim, falou tudo o que havia pra falar. No final, parou com uma sensação alegre e completou: E aí, doutor, passei?

O auditor não aguentou e emendou: Passou não, você tirou um 10! E lá se foi o baixinho morto de felicidade...

Por outro lado, existem as empresas que "preparam" os que melhor se comunicam e colocam apenas esses para serem auditados, então cabe ao auditor usar sua liderança para definir quem será auditado, mas também saber tratar as pessoas com quem se relaciona.

Mais uma habilidade fundamental no auditor é ser organizado.

Já vi auditor anotar uma série de coisas e perder as anotações, esquecer nomes, escrever e não conseguir ler o que escreveu...

Isso também se aplica a cumprir horários. É muito importante o auditor saber que está prestando serviço para a empresa e que, portanto, deve seguir os horários definidos no início da auditoria. Nem mais, nem menos.

É preciso lembrar que estender o horário não é sinônimo de trabalhar bastante, normalmente é sinônimo de desorganização.

As organizações e as pessoas têm vida própria e não podem ficar à mercê da desorganização dos auditores. É normal que as pessoas se coloquem a disposição para "ficar até a hora que for preciso", mas isso normalmente é simples gentileza. Cabe ao auditor adaptar seu programa à empresa e não o contrário.

Numa auditoria em Fortaleza, eu liderava uma equipe com outros dois auditores. Acontece que um deles jamais cumpria o horário. Sempre se alongava. No primeiro dia, a empresa esclareceu que almoçaríamos na própria empresa e que o horário de almoço era fixo, de 12h às 12h45m. Depois desse horário, outro grupo usaria o refeitório.

Combinamos que dez minutos antes do almoço nos reuniríamos para acertar o programa da manhã e almoçar em seguida. Esse auditor jamais conseguia chegar com menos de 15 minutos de atraso. Isso prejudicava a empresa e o grupo auditor, que parava de auditar e ficava esperando por um membro. Evidentemente, tive que chamar a atenção para o fato e acabar com a prática. A alegação era de que tinha muita coisa para auditar e queria dar profundidade no assunto.

Isso demonstra boa vontade do profissional, mas não justifica. O plano de amostragem quem faz é o auditor e cabe a ele definir o plano de forma a dar a profundidade necessária, sem matar os demais de fome...

Existem ainda algumas habilidades importantes. O auditor deve ser justo e se prender a fatos e não a características que ele acha importante.

Existe o auditor durão: Esse tipo é caracterizado por falar alto, não olhar nos olhos dos auditados, não aceitar argumentação, enfim, instalar um pânico nas pessoas.

Isso deve ser combatido sempre nos auditores. Não há necessidade de ser rude ou mal-educado. Vamos lembrar que o auditor está prestando serviço e que a empresa e principalmente as pessoas devem ser tratadas com cortesia.

Eu sempre digo que um auditor bom é aquele que abre uma série de não conformidades e deixa a empresa agradecida pela forma com que os trabalhos foram conduzidos.

Gosto muito quando ao final da auditoria a empresa me agradece pela forma com que tratei as pessoas, principalmente as mais humildes e, independentemente do número de não conformidades, ajudei a agregar valor à empresa.

Em certa ocasião, conheci um auditor que, no primeiro dia de auditoria, sempre procurava duas não conformidades para abrir. Segundo ele, isso deixava a empresa atenta e "esperta" e a partir daí ninguém mais brincava com ele... Cada coisa que a gente se depara...

Por outro lado, existe o auditor bonzinho. Esse é outro problema a ser tratado.

Auditor não está na empresa para fazer a vontade das pessoas.

Já vi empresa que pagava um prêmio ao pessoal da qualidade para cada auditoria sem não conformidade! Aí, a cada não conformidade era uma choradeira para não abrir, deixar como um ponto de melhoria, que aquilo havia sido pontual, enfim toda a choradeira possível para não registrar a não conformidade.

Cabe ao auditor combater isso de forma firme, porém honesta.

Auditoria é fotografia!

Se algo ocorreu fora do que a norma prevê ou que a organização definiu e existem evidências para comprovar o fato, não há o que contestar nem argumentar.

Há algum tempo surgiu a figura do *Soft grade*.

Deixem-me explicar, embora não goste dos termos em inglês.

Em muitas ocasiões, os auditores por um motivo qualquer, para não ter trabalho ou para serem bonzinhos com os auditados, constatavam uma não conformidade, mas ao invés de registrar, deixava como Observação ou, pior ainda, como Oportunidade de melhoria.

Essas classificações não exigem um tratamento com a criticidade de uma não conformidade. Isso deixava os auditados felizes e diminuía o trabalho do auditor, mas não era correto.

Atualmente, isso é muito combatido e os relatórios dos auditores passam por análises aprofundadas para evitar esse tipo de prática.

Outra habilidade é o posicionamento do auditor. Não estamos na empresa para fazer consultoria ou indicar a forma de corrigir o problema. Isso não é papel do auditor. Cabe ao auditor verificar o que está não conforme, consensar com o representante da empresa, explicar a evidência do ocorrido e registrar a não conformidade. Muitas vezes, a empresa se utiliza de argumentos para levar o auditor a se comprometer com a solução, o que é muito perigoso.

Muitas vezes eu escutei a "cantada": Você, que é uma pessoa experiente e já viu tantos sistemas, me dê uma luz para corrigir isso!". Isso realmente mexe com o ego do auditor, que normalmente é inflado mesmo, mas que tem que estar atento ao seu papel e cair fora dessa encrenca, que pode ter uma enorme consequência.

Evidentemente, honestidade é fundamental para ser auditor.

Tem duas situações que eu quero comentar aqui: A primeira é o auditor "vendedor. Ocorre que, quase sempre, o auditor também é consultor, dá treinamento ou algo nessa linha. Então pode ocorrer do auditor encontrar não conformidades, criticar a forma com que o sistema está montado e ao final apresentar o cartão de visitas para corrigir o problema.

Não há nada de errado em ser consultor e auditor, mas cabe ao profissional ter muita honestidade em não misturar as situações.

Para prevenir esse fato, os organismos exigem que os auditores identifiquem as empresas que prestam serviços de qualquer espécie e declarem "conflito de interesse". Ocorre que um auditor pode fazer uma auditoria e posteriormente se tornar consultor ou fazer treinamentos para a organização. Nesse caso, deve ficar claro que, no momento em que realiza qualquer trabalho para a empresa, se torna incompatível e isso deve ser identificado imediatamente.

Outro ponto quanto à honestidade são eventuais subornos que podem ocorrer. Particularmente nunca tive nenhuma proposta de vantagens em uma auditoria, até pela característica do trabalho prestado. O que pode acontecer é que a empresa, por um motivo ou outro oferecer alguma vantagem que se deve evitar.

Por exemplo: Presentes são sempre desnecessários, principalmente se tem valor pecuniário. O máximo tolerável são bonés, canetas de propaganda ou camisetas promocionais. Esse não tem valor de revenda.

Uma coisa que já foi muito normal, mas que deve ser evitado são os jantares em restaurantes caros na cidade em que se está auditando.

Almoçar faz parte da auditoria e se a empresa oferece um almoço mais caprichado, desde que o tempo não comprometa o andamento dos trabalhos, até que se pode abrir uma exceção, mas jantar...

Uma vez estava numa empresa, fazendo uma pré-auditoria e já havia uma série enorme de não conformidades, que iriam tomar muito tempo e recursos para corrigir. O empresário tomou conhecimento e me chamou. Estranhei quando ele perguntou se eu gostava de comida japonesa (eu adoro). Aí, complementou que na cidade o melhor restaurante servia esse tipo de comida e que gostaria que jantássemos juntos para poder conversar com mais calma.

Evidentemente isso não se configura uma tentativa, mas por via das dúvidas deixei claro que preferia que tudo fosse tratado na empresa e que não gostava de jantar...

Mas, se existem tipos de auditor, também existem vários tipos de auditados.

O ideal seria encontrar pessoas preparadas, que conhecessem a norma, o sistema e a empresa e principalmente soubesse que o auditor não está ali para encontrar problema (ao menos não deveria). Está ali para melhorar o sistema de gestão da empresa.

Evidentemente, nem sempre é isso o que ocorre.

Existe os auditados do tipo elogiador. É aquele que elogia o tempo todo o auditor, chama de “mestre” e de “professor”. Normalmente, mexe com o ego do auditor. Claro que esse auditado é perigoso e está com segundas intenções, normalmente tentando desviar a atenção do auditor;

Existe também aquele que só "enrola". Parece personagem de programa de humor. Fica o tempo todo gastando tempo da auditoria.

Uma vez, a empresa marcou de me apanhar às 7h30m e o responsável ficou de tomar o café da manhã no hotel. Preparei-me, desci para o salão de café e fiquei esperando. Já passava das oito quando decidi tomar café sozinho. Já tinha concluído quando ele chegou. Claro que culpou o trânsito e informou que iria tomar o café: só um suquinho... Concordei. Ele fez uma bandeja de café da manhã com tudo o que tinha direito.

Depois de tudo isso, finalmente saímos para a empresa. Ao chegarmos lá, fui informado que antes da reunião de abertura a empresa tinha preparado um "café da manhã" regional em minha homenagem e não aceitavam recusas em provar as delícias da culinária da cidade...

Nessa hora, sem ser mal-educado, o auditor tem que se posicionar e compensar esse tempo perdido, evidentemente de forma intencional.

Existem também situações em que os auditores são restritos em locais que dificultam a movimentação e visão de áreas da empresa. Às vezes colocam em salas fechadas e distantes das atividades, o que provoca deslocamentos a cada processo a ser auditado.

Normalmente nessas situações, existem problemas no sistema que os auditados tentam ocultar ou forjar. Vi uma auditora que trabalhava numa equipe e enfrentou uma situação parecida. A cada documento solicitado, o auditado saía para pegar e evidentemente demorava muito. Os registros sempre demoravam demais e sempre atendiam ao pedido. A auditora começou a perceber que os registros estavam sendo forjados. Num certo momento, usou de criatividade inesperada: pediu um registro da área de Recursos humanos e ao receber simulou que estava quente, soltou na mesa e começou a assoprar os dedos, dizendo, nossa este acabou de sair do forno... Até os auditados caíram na risada e acabaram concordando que estavam forjando algumas evidências...

Outro recurso comum são as "cantadas" que recebemos. Não, não se trata de cantadas como se pode a princípio pensar. São cantadas para que o auditor se torne consultor da empresa após a auditoria. Inúmeras vezes as empresas colocam que gostariam de receber propostas para consultorias, treinamentos ou para solucionarem as não conformidades da empresa.

Nesse ponto vale salientar dois pontos muito importantes:

Quarentena – Quando um auditor inicia num organismo certificador, assinamos um documento no qual nos comprometemos em relatar os "conflitos de interesse". Essa situação é a condição de que um auditor não pode, em nenhuma circunstância, auditar uma empresa onde ele tenha qualquer envolvimento, para o bem ou para o mal.

Vamos ver um exemplo: se um auditor trabalho numa empresa e foi demitido há pouco tempo. Evidentemente a auditoria não será feita com imparcialidade. Por outro lado, se a empresa, por exemplo, pertence a algum amigo ou familiar, também a imparcialidade vai ficar comprometida. De toda forma, essa situação tem que ser denunciada assim que surgir o conflito. No organismo onde trabalho, fazemos uma relação de empresas com as quais temos conflito e a cada vez que novos casos surgem, deve ser denunciado antes do evento.

Quando o auditor também atua como consultor isso é muito comum. A qualquer momento pode ser procurado por uma nova empresa para prestar serviço. Nesse caso, de imediato o conflito deve ser comunicado;

Outro ponto que é importante esclarecer é o chamado *SIC CODE*.

Há algum tempo, entendia-se que todo auditor poderia auditar qualquer tipo de empresa. Isso se devia ao entender da época que se auditava sistema e, portanto, o conhecimento deveria ser de sistemas e não da empresa em si. Posteriormente, entendeu-se que o conhecimento da atividade da empresa é muito importante. Atualmente existe uma relação dos "códigos" que se referem às atividades da empresa. Cada auditor deve atender a certas características para conseguir cada código. A maioria dos códigos é adquirida pela escolaridade. Se um auditor é, por exemplo, engenheiro mecânico ou eletricista, adquire automaticamente os códigos dessas áreas.

Os códigos também podem ser adquiridos pela experiência profissional. Por exemplo, embora nunca tenha feito nenhum curso na área têxtil, trabalhei alguns anos em uma indústria têxtil, logo consigo comprovar conhecimentos nessa área e adquirir o código.

Nesse ponto, os consultores têm grande vantagem, por prestar serviço em várias atividades. Porém, precisa ser ressaltado que alguns códigos (considerados vermelhos), não podem ser conseguidos sem escolaridade. Exemplo disso são os engenheiros civis, áreas médicas, entre outros.

Existe um ponto que rege as auditorias, que é importante ressaltar, a Confidencialidade.

Todo auditor, ao ser contratado por um organismo, assina um termo no qual se compromete a não utilizar indevidamente os dados a que tem acesso durante a auditoria.

Evidentemente, ao auditar uma empresa, entramos em contato com uma série de dados e segredos das empresas que devem ser conservados. Mesmo que não seja um segredo industrial, tipo fórmula de xarope de um grande refrigerante, todos os itens a que acessamos devem ser protegidos e isso só é possível com o profissionalismo do auditor. Nunca, sob nenhuma hipótese, deve-se comentar algo que se viu dentro do nosso trabalho.

Já tive a oportunidade de auditar cervejarias. Imagina sair comentando dados da produção de um mercado tão disputado assim...

Porém, existe um único caso que quero comentar aqui e para o qual tenho autorização formal da empresa.

Trata-se da Peixoto Gonçalves S.A. – Indústria Comércio, no estado de Sergipe.

Essa empresa, da área têxtil, tem algumas particularidades que gosto de citar, até porque, atualmente, já não é mais comum esse tipo de tratamento.

A organização é centenária e até hoje é familiar. O prédio fica às margens do Rio São Francisco, na cidade de Neópolis. As paredes são enormes, típicas de construções da época e os galpões relativamente espalhados, não concentrados como seria o normal em nossos dias.

Estranhei um pouco porque minha logística indicava que eu deveria ir a Aracajú e de lá um motorista me levaria ao hotel, na cidade de Penedo, estado de Alagoas! Mas a empresa não é em Sergipe?

Bom, lá fui eu, Fortaleza, escala em Recife, troca de avião em Salvador e finalmente para Aracajú. De carro são mais umas duas horas de viagem até Penedo. Porém, tínhamos que chegar lá antes das 20h, porque temos que cruzar o rio de balsa e a última sai por volta de 20h30m.

Claro que tudo isso, na primeira vez, causa um pouco de estranheza, mas quando chegamos ao rio, tudo valeu a pena. A paisagem é linda e o hotel, também antigo, muito confortável e agradável.

No dia seguinte, pegamos a balsa para atravessar o "velho Chico", num trajeto rápido, algo como 20 minutos e chegamos à empresa.

Ao fazer o *tour* de reconhecimento, nova surpresa, a empresa tem maquinário supermoderno e um sistema de gestão excelente, além de pessoal muito simpático e comprometido.

Realizei ali a pré-auditoria, auditoria principal e a primeira auditoria de manutenção, sempre com ótimos resultados, mas a grande surpresa ainda estava para vir. Na auditoria principal, que teve uma duração longa, fui convidado pela direção a conhecer a "vila industrial".

Trata-se de uma pequena cidade, toda criada e mantida pela empresa, para as famílias dos funcionários! Os funcionários moram próximos da empresa, podem ir caminhando, a família tem toda a assistência e o local é muito bem cuidado.

Fiquei muito impressionado, até porque meu pai trabalhou a vida toda em uma empresa têxtil em Sorocaba, estado de São Paulo, e eu nasci numa vila como esta! Meu pai teria ficado muito feliz e se emocionado se tivesse vivido para ver essa experiência!

Mas o melhor ficou para o final da visita: a empresa mantém uma escola primária para filhos de funcionários! Ao visitar a escola, fomos a uma sala de aula e, acreditem, ao abrir a porta da sala, todos os alunos ficam em pé e saúdam o visitante em voz alta: Bom dia, senhor visitante. Impossível não se emocionar e ver que ainda existem empresas, que sem nenhum alarde, cuidam dos filhos dos funcionários dessa forma.

Gostaria de ressaltar que comentei com a empresa a minha intenção de comentar esse fato em meu livro e fui autorizado formalmente pela direção a fazê-lo. Como se vê, vida de auditor não é só brigar e abrir não conformidades!

Direitos da empresa

Quando vamos a empresas, principalmente na primeira vez, sempre percebemos um nervosismo, ansiedade, natural de auditorias. Parece realmente que ninguém gosta de auditores.

É comum que, ao longo dos eventos, surjam alguns comentários e reclamações. É importante lembrar que a empresa é, na relação de auditorias, o cliente e, portanto, pode exigir certas condições.

Claro que tudo deve ser definido por ocasião do estabelecimento do contrato para as auditorias, mas alguns pontos devem ser pensados.

Por exemplo: Agenda de auditorias.

É comum que o organismo sugira datas que sejam adequadas ao organismo e que "casem" com a disponibilidade do auditor. Ë claro que o organismo está interessado em alocar o auditor que lhe interesse o que nem sempre é o melhor para a empresa.

Deixe-me explicar: Suponha que exista um auditor qualificado e com código para uma auditoria em uma determinada região ou estado em que está localizada a empresa. Porém, o organismo tem um auditor funcionário, na mesma situação, em outro local. Obviamente ao organismo interessa indicar o auditor que tem contrato fixo (CLT). Cabe à empresa estar atenta a isso e solicitar auditor local, o que normalmente diminui em muito os custos, em função de viagens e hospedagens.

É importante lembrar que a escolha do auditor é do organismo, mas a empresa pode sugerir algum auditor, porém deve justificar esse fato. Não é ético escolher auditor sem justificativa técnica ou logística.

Outro direito da empresa é recorrer das não conformidades.

É muito importante que os auditados conheçam os requisitos da norma auditada, conheçam o sistema de gestão e os setores que estão sendo auditados. Mais a frente nós trataremos de abertura de não conformidades, mas já adiantando, é fundamental que cada não conformidade encontrada seja comentada, entendida e aceita pelos auditados.

Não havendo concordância, embora não exista uma regra clara sobre isso, a empresa pode recorrer ao auditor líder do evento, que tem a responsabilidade e autoridade para definir um fato ao longo da auditoria.

Mas, e se a empresa ainda não concorda com o auditor líder? A empresa tem o direito de recorrer ao organismo sobre esses fatos. Cada organismo tem sua sistemática de formalizar, mas esse é um direito da empresa, que deve ser praticado.

Deixem contar alguns "casos" a respeito disso:

Fiz a consultoria de uma empresa cearense que tinha um sistema bem sólido de indicadores, tanto empresariais quanto setoriais. Para cada setor da empresa, havia um ou mais indicadores de desempenho.

Numa determinada reunião, o diretor me questionou sobre os indicadores existentes para as áreas de compras e comercial.

Alegava que esses indicadores não agregavam nada. A empresa trabalhava, dentro do escopo de certificação, com apenas uma matéria-prima e que não tinha nada mais de importante para comprar. A única matéria-prima era comprada de um único fornecedor. Dessa forma, monitorar o processo de compras através de indicador era só "para o auditor ver".

Da mesma maneira, o setor comercial vendia apenas um produto no escopo e o mercado solicitava muito mais produtos do que a empresa podia oferecer. Logo, tudo o que era fabricado, era vendido de imediato. Mesma história. O indicador da área não agregava valor algum.

O diretor então me questionou se era mesmo necessário manter esses indicadores. A norma estava na versão 2008 e evidentemente não exigia esses indicadores setoriais. Pensamos então numa forma de monitorar essas áreas sem indicadores: nas reuniões de análises críticas, realizadas a cada semestre, os responsáveis por essas áreas deveriam fazer um breve relato e concluir pela eficácia dos setores. Isso seria registrado na ata, como forma de monitoramento.

Na realização da auditoria de manutenção dessa empresa, atuou um profissional bastante experiente, porém demonstrou não entender exatamente o conceito de monitoramento de processos e exigiu a manutenção dos indicadores. A empresa alegou que isso não era exigido, mas não houve acordo e a não conformidade foi aberta.

Como consultor, eu não costumo acompanhar as auditorias, acho muito chato e não gosto de pressionar os auditores, que em resumo são meus amigos de trabalho. Quando a empresa me passou a não conformidade, sugeri entrar com recurso no organismo certificador, embora normalmente as organizações não gostem de fazer isso.

Entramos em contato com o organismo que nos orientou na sistemática de recursos. Entramos com argumentação técnica e a não conformidade foi retirada.

Houve, claro, o temor de uma eventual represália por parte do auditor ou de algum auditor que soubesse do fato, mas isso nunca ocorreu.

É muito importante que as empresas tenham conhecimento do seu sistema e das necessidades definidas pelas normas e não aceitem o que nós, auditores às vezes exigimos. Se as empresas se julgam prejudicadas, devem recorrer sempre das decisões. Isso não vai gerar represália dos auditores.

Tenho sempre dito nos eventos que, embora não pareça, os auditores são seres humanos e, portanto, sujeitos a erros.

Auditor também tem dia ruim, filhos que adoecem, brigas conjugais, ou seja, uma série de coisas que podem fazer com que erros aconteçam.

Num outro evento, fui auditar com uma colega a Câmara de vereadores de uma cidade. Era um caso diferente para mim e tentei me preparar da melhor forma possível para o evento.

Esse evento foi muito difícil e cheio de detalhes. A auditoria aconteceu na semana do natal. Fomos informados que havia verba para pagar o evento, porém desde que tivesse a conclusão ainda naquele ano. No início do próximo ano, já seria novo exercício e a verba não se aplicaria. Isso dava uma grande pressão na nossa equipe. Se houvessem não conformidades que não pudessem ser concluídas naquele exercício, ia dar uma enorme confusão, mas auditor não pode se apegar a esses fatos.

Infelizmente, registramos um grande número de não conformidades, o que, na época, inviabilizaria a certificação. Mesmo que a empresa se apressasse em corrigir todos os pontos indicados, não havia tempo para uma auditoria especial (*follow up*) ainda no exercício fiscal.

Depois de uma reunião de encerramento tensa, indicamos a não recomendação da empresa.

Semanas depois, fomos informados de que a organização recorreu de todas as não conformidades e que algumas (poucas) foram aceitas pela área técnica do organismo. Isso não viabilizou a certificação, as não conformidades não aceitas foram suficientes para a não recomendação. Tive que retornar à empresa no início do ano para fazer o encerramento das não conformidades, mas sinceramente não sei como foi resolvida a questão financeira da auditoria.

Outro direito da empresa é vetar algum auditor.

Embora seja desagradável, algumas vezes os auditores não se comportam como devem, afinal de contas, auditores são seres humanos, embora ninguém acredite...

Imagine que num evento o auditor tenha um comportamento não adequado. Deixe passar alguns que já presenciei ou tomei conhecimento.

Auditor que só abre não conformidade: Já vi auditor que abre não conformidade para tudo o que vê. A impressão que dá é que ganha por não conformidade registrada. Normalmente não aceita argumentação, mesmo que seja evidenciada.

Auditor durão é aquele que trata as pessoas sem cordialidade, principalmente as pessoas mais humildes.

Auditor engraçadinho é aquele que faz piadinhas sobre tudo, principalmente sobre pessoas.

Auditor que não cumpre horários, seja de entrada, saída ou de almoço. Faz uma programação e não cumpre, atrasa as pessoas.

Auditor que só faz piadinhas de mau gosto, normalmente sobre times de futebol e grupos de pessoas.

Auditor injusto com relação ao sistema auditado ou sobre as evidências levantadas;

Não respeita as pessoas envolvidas.

Todos esses tópicos justificam que a empresa apresente uma reclamação formal sobre o auditor e eventualmente vetem sua participação em auditorias.

Vou contar mais um caso: Já faz algum tempo, fiz uma consultoria para uma empresa do interior do Ceará, para uma empresa que fornece alimentos. Nessa condição, precisa atender a uma série de requisitos dessa área.

Eu trabalhava com uma senhora, super qualificada na área, que me auxiliava na implantação do sistema de gestão e sempre foi muito simpática.

Quando o auditor iniciou a auditoria, descobri que ele não era exatamente especialista na área de alimentos, o que na época era possível. Solicitei à especialista que desse um suporte ao auditor na área toda vez que ele julgasse necessário. O primeiro dia da auditoria transcorreu normalmente e ao final fomos todos para o mesmo hotel.

O auditor confundiu a simpatia da especialista e "deu uma cantada", grosseira inclusive.

No outro dia, a especialista me procurou e contou o fato. Não tive dúvidas em denunciar o fato e esse auditor jamais voltou a auditar nesse organismo. É dessa forma que se deve tratar pessoas que não sabem se comportar...

Vale lembrar que essa denúncia pode ocorrer inclusive ao longo da auditoria, provocando a interrupção da auditoria, se o caso for mesmo grave.

De toda forma, essa denúncia deve ser formal e com argumentos. Evidentemente não se pode vetar um auditor sem argumentos substanciais.

Existem outras situações que a empresa deve sempre estar atenta. Um exemplo é quando o organismo repete sempre o mesmo auditor. Nesse caso, o auditor pode acabar perdendo a eficácia.

Houve uma empresa, em Fortaleza, que trocou de organismo porque o auditor já havia auditado tantas vezes que não conseguia mais se aprofundar na auditoria, segundo o diretor da empresa, só tomava cafezinho e até as piadas eram tão repetidas que todos já conheciam...

Elogiar auditores também é um direito da empresa, mas quase nunca acontece. De toda forma a empresa pode fazer um elogio, direcionado ao organismo.

O que é importante saber também é que a empresa pode vetar um auditor, mas não é muito ético solicitar ou exigir um auditor. Isso pode ir contra o auditor. Sempre vai surgir a dúvida entre o auditor ser realmente muito bom ou ser "bonzinho" demais...

No momento em que escrevo esse capítulo, estou fazendo uma das ações que menos gosto: Acompanhar uma auditoria realizada por algum colega. Nesse caso, de outro organismo.

Como consultor da empresa, fui convocado para assistir a auditoria. Infelizmente, aconteceram algumas coisas muito ruins, que vou relatar.

O primeiro problema foi a dupla de auditores não ter preparado e apresentado à empresa uma agenda detalhada da auditoria. Isso causa uma série de problemas. Ninguém sabe os setores que serão auditados e principalmente os horários em que os auditados devem estar à disposição.

Além de não apresentarem a agenda, os dois auditores passaram praticamente toda a auditoria trabalhando juntos ao invés de dividir o programa. Isso causou um problema sério de tempo disponível para auditar e culminou no atraso do programa. Ao final, os auditores precisavam avançar no horário de descanso na empresa e pior, no último dia não foi possível ter hora livre para o almoço. Evidentemente os auditados não precisam ficar sem almoçar por falta de planejamento dos auditores. É direito da empresa exigir que os auditores cumpram o horário de trabalho normal da organização.

Os tipos de auditoria

Mas vamos falar da auditoria propriamente dita. Existe uma série de passos que devem ser seguidos.

Primeiro vamos falar sobre os tipos de auditoria normalmente existentes.

Existem as auditorias de certificação, de manutenção, de *follow up* e de recertificação. Antigamente era muito normal as pré-auditorias, mas hoje é bem difícil que elas aconteçam.

A pré-auditoria é *um jogo treino*, ou seja, não vale para a certificação. É a auditoria que todo auditor gosta de fazer. Não há rigidez de agenda. A definição de que áreas serão auditadas e a profundidade a ser dada em cada processo pode ser definida entre auditor e organização. Imagine que uma empresa está com o sistema praticamente pronto para ser auditado mas tem dúvida em alguma área, como por exemplo o processo de Recursos Humanos ou de Aquisição. Na programação da auditoria, pode-se solicitar a equipe auditora que aprofunde a auditoria nessas áreas.

Mesmo que não haja não conformidades, a organização não será recomendada para certificação. Esse evento trata apenas de uma visão do nível de implantação e é uma decisão unicamente da organização.

Nas empresas em que atuo como consultor, gosto de sugerir a realização dessa auditoria, mas como é um custo adicional, nem sempre é realizado.

A imagem que eu gosto para esse evento é que a pré-auditoria é o fim do namoro da empresa com o consultor e o começo do namoro com o auditor. A partir desse evento toda a verdade passa a ser o que o auditor disse e o consultor não sabe mais nada...

O passo seguinte é a auditoria principal ou auditoria de certificação.

Normalmente é feita em dois momentos:

A auditoria inicial é feita em um tempo relativamente curto, de meio dia ou de um dia e pode ser feita na empresa (*on site*) ou no escritório da certificadora (*off site*).

De qualquer forma, é uma auditoria documental. O auditor não audita as atividades fins da empresa, apenas a parte documental e da coordenação do sistema. Nesse evento, não são registradas não conformidades, apenas Pontos de Preocupação, mas esses devem ser corrigidos para o prosseguimento da certificação

A auditoria principal é o evento total e mais complexo. Os auditores têm que auditar todos os processos identificados pela empresa e todos os itens da norma.

Nesse evento são conferidos todos os Pontos de preocupação levantados no evento anterior e precisam ser encerrados.

Na auditoria principal, são levantadas as não conformidades, que normalmente são classificadas de duas formas: Não conformidades menores ou pontuais ou tipo B.

São aquelas não conformidades que não afetam diretamente o sistema de gestão, são sempre pontuais.

Imagine que uma empresa identificou 20 equipamentos que devem ser calibrados. Ao auditar, foi verificado que, por exemplo, 19 foram devidamente calibrados, mas que um não foi. Isso caracteriza uma não conformidade menor ou pontual.

Se por outro lado, nenhum dos equipamentos foi calibrado, isso caracteriza uma não conformidade maior, sistêmica ou tipo A. O fato demonstra não atendimento a um requisito da norma.

Esse entendimento é muito importante porque a recomendação para a certificação só será emitida se não houver nenhuma não conformidade aberta ao final do evento de auditoria.

Ocorre que as não conformidades maiores só serão encerradas com um evento de *follow up*, ou seja, com a presença de um auditor e isso tem custo para a empresa.

Usei algumas vezes o termo Recomendação. Existe uma diferença entre Recomendar e Certificar.

Ao final da auditoria, a equipe auditora recomenda a certificação. O relatório de auditoria vai passar por uma análise cuidadosa do organismo certificador e se não houver qualquer inconsistência ou dúvida, o organismo emite a certificação da empresa. Particularmente, nunca vi uma empresa recomendada e depois não certificada, mas existe um tempo que deve ser respeitado.

Esse tem sido o fantasma na vida dos auditores. Os organismos têm sido cada vez mais rigorosos nessas análises e sempre questionam os auditores, que tem que trabalhar para deixar tudo perfeito. Normalmente, a empresa nem fica sabendo, mas é responsabilidade dos auditores esclarecerem tudo o que puder deixar alguma dúvida no processo de certificação.

Finalmente, existem as auditorias de manutenção. Antigamente, quase todas eram de periodicidade semestral, mas atualmente quase sempre são anuais.

Existe uma regra nos certificadores que definem a carga horária necessária para cada evento. A somatória desses tempos é praticamente a mesma, mas normalmente as empresas optam por eventos anuais, como forma de reduzir os custos, embora também reduza a carga horária das auditorias.

Nas auditorias de manutenção, não é necessário e nem viável auditar todos os processos. Dessa forma, o auditor líder da auditoria principal define quais são os processos que devem ser verificados em cada evento. Os processos de Gestão da Qualidade, Diretoria e Área produtiva devem ser auditados em todos os eventos.

Cabe lembrar que toda auditoria é amostral, então nem todas as pessoas serão auditadas nem todos os eventos serão analisados. Isso depende da agenda do auditor.

Às vezes, isso causa problemas e até descontentamento. As pessoas se preparam para ser auditadas e se o auditor não as entrevista, às vezes cria uma situação desagradável. Embora existam muitas pessoas que dão graças a Deus de "escaparem" do auditor.

Uma vez auditei uma empresa de serviços, com agenda super apertada. Tive que contornar de toda forma para dar tempo de ver todos os itens necessários, já que era uma auditoria principal. Já tinha concluído, feito o relatório e estava preparando a reunião de encerramento quando a representante da Direção veio me confidenciar que havia uma senhora inconformada porque não havia sido auditada. Procurei explicar, mas não teve acordo, era uma funcionária muito antiga e tinha passado dias estudando para "enfrentar" o auditor. Não teve como fugir, fui lá e fiz algumas perguntas, principalmente sobre a política e práticas de gestão e ela se saiu muito bem. Tinha realmente estudado. Eu na torcida para não dar nada errado e não aparecer uma não conformidade, que àquela altura iria mudar toda a auditoria. No final, ainda recebi a crítica quando falei que estava satisfeito: Mas como, só vai perguntar isso? Quero que leia todo meu procedimento e verifique todos os itens que estão ali...

Mas isso não é o normal, mais comum é o pessoal fugir de "sofrer a auditoria"...

As etapas de auditoria

Uma vez preparado o evento, viagem feita, hotel bom, descansado, vamos analisar cada passo de uma auditoria.

Toda auditoria começa por uma Reunião de abertura.

Esse evento deve ser relativamente rápido, no máximo meia hora, não precisa de registro formal, embora seja importante registrar todos os participantes e é fundamental a participação da direção.

Nele, são passadas as "regras do jogo". Como o evento será conduzido e como o auditor líder vai conduzir.

Normalmente, a organização faz uma pequena abertura, apresentando a empresa, os participantes e colocando a disposição os recursos necessários e passa a palavra para o auditor líder.

Muito importante deixar claro alguns pontos:

- Agenda;
- Disponibilidade dos auditados;
- Confidencialidade dos dados;
- Amostragem;
- Regras para as não conformidades;

- Guias para os auditores;
- Recursos que a empresa possui;
- Agenda para reuniões ao longo do evento, entre outros;
- Fundamental, confirmar o escopo e o padrão normativo.

Se houver apenas um auditor, evidentemente esse será o líder, mas se houver uma equipe, quem conduz é o líder e é de bom tom que este passe a palavra para a equipe se apresentar.

Alguns cuidados são importantes que o líder esteja atento:

Na apresentação da equipe auditora, os auditores devem se limitar a alguns dados, como o agradecimento a empresa e um resumo de suas competências. Mas não é para contar toda sua vida.

Já vi auditor que parecia fazer discurso para prefeito. Contou onde estudou, onde trabalhou, toda sua qualificação, enfim, se não fosse interrompido, ficaria o dia todo se apresentando...

O outro lado dessa moeda é quando a empresa resolve matar o dia nessa reunião inicial. Apresenta um a um os membros, sua qualificação, de forma a ocupar muito tempo que vai fazer falta na auditoria.

Já participei de uma reunião em que o diretor da empresa solicitou apresentar um "pequeno" filme institucional... Resumindo, o filminho tinha mais de uma hora e começava a contar a história do fundador da empresa.

Terminada a apresentação, foi servido um "lanchinho básico"... Claro que isso era só para matar tempo.

Outro ponto a considerar, é normal que as empresas marquem a reunião de abertura no primeiro horário do dia. Não gosto muito dessa prática, principalmente se não conheço o local de trabalho. Prefiro ter ao menos uma meia hora para conhecer alguns detalhes, ver escopo, analisar uma proposta de agenda e só depois disso ir para a reunião de abertura.

Esse evento serve também para se ter uma primeira ideia da empresa e das pessoas.

Houve um evento que achei bem interessante.

Fui fazer uma auditoria no interior do Piauí, com um colega de Fortaleza. Dormimos em Juazeiro do Norte, no Ceará, e logo de manhã começamos a viagem para a empresa. Logo que entramos no carro, eu no banco de trás, o motorista, que era o Representante da Direção liga o rádio e está dando o horóscopo. Por pura coincidência, anuncia o signo de virgem, meu signo e lá vem a previsão: Dia de muito trabalho, necessária muita concentração. Seja generoso com as pessoas e tenha muita calma nos relacionamentos... Pronto, estava visível que tinha que estar calmo. Já o motorista não teve dúvidas: Viu, é para você pegar leve conosco...

Tour ou voltinha pela fábrica

Uma atividade comum no início das auditorias é fazer um *tour* pela empresa.

Essa atividade é muito importante porque dá uma boa ideia de como a empresa está estruturada.

Claro que só fazemos um tour em empresas com instalações maiores, principalmente as fábricas. Se a auditoria é, por exemplo, num escritório, essa atividade pode ser dispensada. Às vezes uma simples olhada num croqui da empresa basta.

Durante o tour, o auditor tem a primeira impressão da empresa, percebe áreas que deve ter maior atenção, define quais auditores devem auditar cada área e percebe também se vai haver problema de deslocamentos ou logística.

Para se ter uma ideia, basta imaginar uma empresa com uma área fabril, muito grande. Se a programação não for bem-feita, podemos perder muito tempo em deslocamentos. Outro ponto é que podemos eventualmente juntar eventos em setores próximos ou distantes um do outro.

Com a experiência de anos de auditoria, na realização de um tour dá para o auditor ter uma boa ideia da implementação do sistema de gestão

Às vezes, certas faltas de cuidado, desarrumação, desordem, entre outros, denunciam o estado da empresa e o auditor já pode se atentar para esses pontos.

Certa vez, fui auditar uma empresa em Mossoró, no estado do Rio Grande do Norte. Era uma fábrica e após a reunião inicial solicitei um *tour* pela área fabril. Como estava auditando sozinho, perguntei se havia algum Equipamento de Proteção Individual - EPI –, que deveria usar e fui informado que não havia necessidade. Achei muito estranho, mas prossegui.

Ao entrar na área, pude perceber que havia muita desorganização, além de não ter cuidados mínimos com segurança. Vários EPI seriam obrigatórios, como botas e capacetes, mas praticamente ninguém usava. Solicitei para meu uso e só depois de atendido prossegui o *tour*. Aconteceu algo engraçado, pois havia uma área de pintura e o operador estava com uma máscara não adequada, colocada sobre a cabeça. Quando nos viu, disfarçou e colocou sobre o nariz, onde deveria estar. Parecia um usuário de motocicleta que usa capacete no cotovelo e só colocam quando veem uma viatura policial.

Embora não estivesse auditando a área de segurança, esses pontos, no mínimo, alertam o auditor.

Existe uma brincadeira que fazemos e não comentamos com as empresas, mas nos damos uma hora para saber se a empresa vai ou não ser certificada. Quase sempre acertamos. É difícil ter uma impressão dessas e a empresa conseguir ser aprovada nesse evento.

Obviamente, essa empresa de Mossoró não foi aprovada.

Agenda de auditoria

É responsabilidade do líder preparar a agenda de auditoria, obedecendo os processos a serem auditados e os auditores disponíveis.

É normal deixar o processo de Recursos Humanos para o final, para se ter uma amostragem dos cargos que mais afetam a qualidade do produto ou serviço e ter exemplos reais de profissionais nas tarefas auditadas.

Fundamental que o auditor que possua os códigos de auditoria audite as atividades fins da empresa e que os tempos sejam rigorosamente cumpridos.

Nessa hora, é muito ruim ser líder. É muito melhor ser auditor membro da equipe. Quando o membro da equipe termina a auditoria e passa para o líder, o coitado tem que compatibilizar os dados, fazer relatório, enfim, uma série de atividades, enquanto os membros já estão mais folgados.

A vantagem do líder é poder escolher os processos a auditar e isso pode ser uma vantagem grande. Uma vez estava auditando um campo de petróleo e havia necessidade de deslocamento entre os poços, dentro do sertão nordestino, um calor danado. A distância entre os poços, muitas vezes é de dezenas de quilômetros, por estradas de sertão. Um auditor vai passar alguns dias nessa atividade enquanto que o outro pode ficar no escritório. Se você fosse o líder, que ia pro sertão?

Eu, particularmente não gosto de escritório, prefiro fábrica ou atividade produtiva, então posso deixar a parte mais burocrática para a equipe, respeitando é claro a qualificação dos auditores.

Outro ponto importante é prever tempo para encerramento de pontos duvidosos, fazer relatórios e deslocamentos.

Soube de uma colega que liderava uma equipe em uma empresa, no Rio de Janeiro, num evento que terminava na sexta-feira, à tarde, e todos iriam para o aeroporto, exceto um auditor. Claro que esse não se apressou nos relatórios e ia impossibilitando a conclusão dos trabalhos. A líder não teve dúvidas, na sexta de manhã decretou, se todos os relatórios não estiverem prontos até a hora do almoço, eu não concluo o relatório e ninguém sai daqui até a conclusão de tudo. Equipe é equipe. Se alguém perder o voo, todos perdem...

Reuniões com a equipe (*wash up*)

Embora não goste de usar termos em inglês, é normal que eles apareçam o tempo todo.

Wash up é o termo que se usa para pequenas reuniões, com a equipe auditora, ao longo do dia, no mínimo na hora do almoço e no final do dia, com a finalidade de verificar o andamento do evento, corrigir agenda se necessário, verificar se está tendo algum problema. É nessa hora que o líder tem a percepção de como a auditoria está andando e pode fazer as correções.

O mais comum são correções de agenda.

Imagine que um grupo auditor está atuando, cada qual com sua agenda pré-definida pelo líder. Se algum membro está atrasado e outro tem disponibilidade, cabe ao líder fazer as adequações, de forma que tudo corra de maneira uniforme.

Outro ponto importante é atualizar o líder de eventuais problemas ocorridos. As não conformidades levantadas pela equipe devem chegar ao líder nesse evento.

Vale lembrar que as não conformidades são identificadas pelos auditores, mas é o líder que deve defendê-las se necessário.

Dessa forma, é importante que o líder esteja atualizado de tudo o que está ocorrendo.

Também é fundamental que a equipe atualize o líder e os demais auditores sobre problemas ocorridos durante o período de auditoria, principalmente os problemas comportamentais.

Essas reuniões são rápidas, informais e se restringem aos membros da equipe auditora.

O problema é que normalmente as pessoas da empresa ficam excitadas com a auditoria e ficam sempre próximas aos auditores. Dessa forma, dificilmente sobram tempo e espaço livres para os auditores conversar com tranquilidade e confidencialidade.

Cabe ao auditor líder solicitar um espaço físico e um tempo para que a equipe possa conversar com certa reserva.

No início das auditorias da qualidade, lá pelos anos 90, os auditores trocavam essas informações nos banheiros, enquanto "lavavam as mãos". Daí o nome das reuniões.

Reunião de *Feed back*

É de bom tom os auditores realizarem auditorias com a equipe da empresa ao final de cada dia.

Embora as não conformidades devam ser comunicadas, entendidas e ter o consenso da empresa, é importante que ao final do dia, após a equipe de auditores ter conversado na reunião de *wash up*, as informações sejam, mais uma vez passadas à empresa, de maneira formal e que haja o entendimento da situação.

Essas reuniões também devem ser rápidas, dispensam registro formal, mas são fundamentais para o andamento do trabalho.

Imagine que exista uma equipe composta por três auditores. Evidentemente um será o líder e os demais, membros de equipe. O líder deve solicitar que cada auditor relate resumidamente as não conformidades encontradas.

Claro que as do líder ficam para o final.

Aqui são necessários alguns cuidados, que são premissas do líder e exigem conhecimento e experiência.

Normalmente os auditores se empolgam em falar em não conformidades e demonstrar conhecimento. Se o líder bobear na condução, isso se estica até as dez da noite!

Há de se lembrar que as não conformidades já foram comunicadas no momento em que foram detectadas e por isso não cabe romance nessa hora.

Mais à frente, nós vamos tratar da situação na qual a empresa não concorda com alguma não conformidade.

Nesses eventos, também devem ser tratados outros assuntos, não só não conformidades. Coisas ruins, como falta de comprometimento, de conhecimento, enfim tudo aquilo que é muito relevante para os trabalhos, mas também as coisas boas, como instalações, facilidades apresentadas na condução da auditoria, comportamentos que facilitem os trabalhos. Embora ninguém acredite, auditores não ficam o tempo todo criticando, às vezes elogiamos também.

No dia em que escrevi esse capítulo, aconteceu algo bem típico da vida de um auditor e acho importante que vocês saibam: Fui escalado para realizar mais uma auditoria na empresa Peixoto Gonçalves. Já me referi a ela anteriormente. Essa empresa têxtil que fica na cidade de Neópolis, na divisa entre Alagoas e Sergipe.

Acordei às cinco horas e saí para o aeroporto em Fortaleza. Acontece que o voo, com conexão em Recife, que deveria sair às7h30m, atrasou e só saiu depois de oito horas.

Quando chegamos a Recife, fomos informados que o avião para Aracajú já tinha partido.

Opções a partir daí: ir de carro até Aracajú, esperar o próximo voo às 17h30m ou voltar para casa e cancelar o evento.

Achei que a melhor opção era esperar o próximo voo. Só havia o problema que algum funcionário da empresa estaria me esperando em Aracajú para viajarmos para Neópolis. Para evitar problemas e assegurar o transporte quando chegasse a Aracajú, liguei para a empresa.

Essa dica é muito importante. Toda vez que um auditor vai viajar, deve ter os contatos das pessoas da empresa e do escritório da sua certificadora.

Imagina se você não carrega esse contato consigo. Alguém vai te esperar em vão e quando desembarcar, simplesmente não haverá ninguém na espera!

Condução da auditoria

Vamos falar agora da auditoria propriamente dita.

Cada auditor tem sua própria maneira de auditar e embora sempre tentemos padronizar, é inevitável que cada um imprima seu "jeitão" de trabalhar.

Há algum tempo, se pensava no uso de listas de verificação. Particularmente nunca gostei desse artifício. Se desse certo, não precisava de auditor. Era só enviar para a empresa, o pessoal preenchia e enviava de volta.

Auditar não é questionar, é conversar. Auditor tem que ouvir, conduzir a conversa para onde a norma rege e buscar as respostas que deseja.

Talvez os maiores desafios de um auditor seja conseguir resumir alguns pontos importantes na sua metodologia. Quando se audita, se audita em cima de uma norma ou de uma lei. O que manda é o que está definido nessa norma ou lei, nada mais. Então, o primeiro desafio é saber exatamente o que a norma pede e interpretá-la.

Isso tem que estar interiorizado no auditor. Não dá para chegar numa empresa ou num setor com dúvidas sobre o que o padrão normativo exige.

Isso é óbvio, mas principalmente nas revisões das normas ISO pode complicar o auditor.

Certa vez, estava auditando e a norma ISO havia acabado de ser revisada para a versão 2008. No requisito de recursos humanos é solicitado que a organização faça o monitoramento da eficácia de ações tomadas na aquisição de competências definidas pela própria organização.

Como isso era um fato novo, simplesmente esqueci-me desse detalhe. Só fui perceber ao final da auditoria, mas aí já era tarde. Não há mais o que fazer, não dava mais para voltar a auditar. Por isso, é muito importante o auditor saber exatamente o que vai procurar em cada área.

Quando o profissional não estiver muito seguro desses pontos, é válido fazer uma lista deles a serem verificados, os quais não podem ser esquecidos.

Particularmente, tenho um arquivo no aplicativo "Word" onde coloco todos os pontos que devem ser obrigatoriamente verificados. Faço isso a cada processo que vou auditar.

Por exemplo, no processo de Gestão da Qualidade, ou Coordenação do Sistema de Gestão, listo todas as exigências dos requisitos que tenho que verificar como o uso da logomarca, controle de documentos, lista de registros, satisfação de clientes, procedimentos obrigatórios, enfim, asseguro que vou verificar todos os pontos obrigatórios. Isso facilita na condução da auditoria, na redação das notas do auditor e na elaboração do relatório. Além dessas facilidades, o "Word" tem corretor ortográfico e ainda podemos regular a fonte, ou seja, o tamanho dos caracteres, que para os auditores mais, digamos experientes, facilita muito.

Outro ponto que deve ser muito presente durante a auditoria é o que a empresa definiu como regra. Nesse quesito, é que as coisas se complicam!

Vamos pensar nisso: Uma coisa é o que a norma diz e outra é o que a empresa definiu.

Aqui quero fazer um parêntesis e esclarecer um ponto importantíssimo das normas ISO. Essas normas nunca dizem COMO a empresa deve fazer alguma coisa e sim O QUE a empresa deve fazer. O como, fica a critério da empresa. Os auditores parecem ter muita dificuldade em aceitar isso! (eu inclusive).

Vamos dar um exemplo: No requisito de aquisição, item 7.4 da norma na NBR ISO 9001:2008, é solicitado que os fornecedores sejam selecionados, avaliados e reavaliados.

O auditor precisa cobrar esses critérios, mas como isso será feito é uma definição de cada empresa.

Ocorre que os consultores desenvolveram algumas formas de fazer isso, normalmente atribuindo uma nota de zero a dez para certos requisitos, como qualidade do produto, prazo de entrega e facilidade de negociação. Em cada recebimento, esses critérios são julgados e é atribuída uma nota. Ao final de um período de tempo, essas notas são agrupadas e é calculada a média geral. Essa é uma forma, talvez a mais utilizada, mas não a única nem necessariamente a mais correta.

Encontrei uma empresa que tinha um processo interessante. Era uma oficina mecânica que fazia manutenção em carros. Os fornecedores eram avaliados unicamente pelo prazo de entrega. Nesse momento, a luz vermelha se acende na cabeça do auditor.

Quando fui entrar em detalhes, o responsável me explicou que a qualidade intrínseca das peças não tinha interesse, pois só usavam peças originais. Ou seja, os fornecedores contatados só podiam fornecer as peças recomendadas pelo fabricante do carro, o que assegurava a qualidade. O preço também não importava, já que era repassada integralmente para o cliente. Dessa forma, a única exigência era que o fornecedor tivesse as peças em estoque e entregassem no tempo exigido para que o carro fosse consertado e entregue na hora combinada com o cliente.

A forma com que analisavam as entregas também era interessante: Em períodos estipulados, o coordenador de compras entrevistava alguns mecânicos experientes e perguntava sobre as peças e os fornecedores. Como fazia isso o tempo todo, tinha exato conhecimento de cada produto e fornecedor. As opiniões eram registradas e a reavaliação estava pronta! Muito simples, sem notas nem cálculos.

Aqui o auditor precisa entender exatamente o que a norma exige e o que está definido na sistemática da empresa.

O problema é saber e aceitar que essa sistemática atende o padrão normativo.

Percebe-se que são duas informações que precisam estar presentes na cabeça do auditor durante toda a auditoria. Não dá para deixar para saber apenas na hora de auditar o que a empresa definiu no procedimento.

A ENTREVISTA
PERGUNTAS ABERTAS OU FECHADAS?

O terceiro componente é a entrevista. Esse é o fantasma dos novos auditores.

Toda vez que ministro um treinamento para auditores vem a dúvida fatal: Afinal o que devo perguntar para os auditados?

A resposta é: Nada. Auditar não é perguntar, é "bater papo".

Tecnicamente dizemos que não se deve usar perguntas "fechadas", ou seja, perguntas que permitem à vítima, perdão, ao auditado, ficar respondendo "sim" ou "não".

Gosto de exemplificar isso da seguinte forma: imagine que você conheça uma pessoa e quer falar com ela sobre futebol. Você começa o diálogo:

– Você gosta de futebol?

– Sim.

–Você torce pelo Santos?

– Sim.

Você assistiu ao jogo ontem?

–Não.

– Sabe se o Santos ganhou (sempre ganha)?

– Sim.

E aí vai. Mas, se ao invés disso, usarmos outra técnica, deixando a pessoa à vontade e explorando os conhecimentos, facilita muito.

Por exemplo:

– Pelo jeito, você torce pelo Santos, assim como eu!

– Sim.

– Nosso time jogou ontem, me conta aí como foi o jogo!

Dessa forma, não dá para ficar respondendo com monossilábicas.

A entrevista deve ser sempre uma conversa onde o auditor fala pouco e ouve muito. Só deve direcionar a conversa para os pontos importantes.

O QUE AUDITAR EM CADA PROCESSO?

Mais uma coisa muito importante. Quais requisitos eu devo auditar em cada processo?

Deixe contar o histórico desse capítulo.

As primeiras revisões da norma ISO 9001, eram feitas por item. Na verdade, todos os requisitos estavam contidos no capítulo 4 e subdivididos em 20 itens.

Assim o item 4.5 era Controle de documentos, o 4.6 era Controle de registros; 4.11 era Calibração e assim por diante.

Os auditores auditavam por item, ou seja, se preparavam, e saíam para auditar o item da norma, onde achasse relevante.

Por exemplo, vou auditar o item Calibração, onde isso está definido? Se estivesse no Controle da Qualidade (Laboratório), ia para esse setor e auditava.

Voltava e se preparava para outro item. Além de outros inconvenientes, era normal passar algumas vezes em um mesmo setor, auditando itens diferentes.

Quando foi lançada a versão 2000, esse conceito mudou totalmente. A norma passou a ter um conceito de processo e foi mais escrita de forma itenizada.

Com isso, as auditorias passaram a ser realizadas por processo. Quando vou auditar, por exemplo, o Controle da Qualidade, eu devo verificar todos os requisitos aplicáveis àquele setor e concluir toda a auditoria de uma só vez.

No início, esse posicionamento foi muito difícil de ser assimilado pelos auditores, atualmente já se tornou rotina.

Resumindo, a cada processo a ser auditado, é preciso ter claro:

- Quais os requisitos são aplicáveis a esse processo;
- O que o padrão normativo exige em cada requisito;
- Como a organização definiu o atendimento a essas exigências.

Só após entender esses requisitos prévios é que vou começar as entrevistas.

O PLANO DE AMOSTRAGEM

Cargo ou função?

Qual a amostragem que devo fazer? Quantas pessoas eu devo auditar?

Para responder essas perguntas, também se deve, outra vez, recorrer ao bom senso. Na verdade, o que determina a amostragem é o tempo disponível. Vou entrevistar tantas pessoas quantas o tempo permitir, até ter consciência de que o requisito está conforme ou não.

Que pessoas eu devo auditar? A regra é auditar as pessoas que executam as atividades. Evitar sempre se concentrar em chefias ou pessoas mais experientes.

No início do livro, falei da experiência em que a auditada não queria ser auditada de nenhuma forma e até me chamou de lindo, desde que não a auditasse. Precisamos ter cuidado na escolha para não ficar auditando as pessoas que lideram os processos ou as que foram "preparadas" para responder. É vital buscar interlocutores diversos que realizem a função.

Um cuidado especial é considerar sempre a atividade que está sendo desempenhada e não o cargo da pessoa.

Vamos esclarecer esse ponto. Na auditoria, o cargo da pessoa tem pouca relevância. O importante é a função que está desempenhando. A pessoa precisa estar apta para aquela função, mesmo que seu cargo seja superior ao serviço executado.

Deixe-me exemplificar.

Verifiquei em um evento, no processo Comercial, que o responsável pelas vendas da empresa havia sido desligado e a empresa havia deslocado o Gerente Comercial para fazer as vendas no lugar do vendedor. Logicamente, o cargo de gerente era superior ao de vendedor, mas quando fui verificar na área de Recursos Humanos, ele não era capacitado para a função, conforme o que foi definido pela própria organização.

Como se vê, o importante não é o cargo, é a função!

Imagine um diretor de uma empresa dirigindo uma empilhadeira! Se ele não tiver os treinamentos requeridos, estará não só cometendo uma não conformidade, mas infringindo a lei!

Tratamento com auditados: o formalismo!

Outro calo no sapato de qualquer auditor é a forma pela qual deve tratar os auditados. Já comentei anteriormente que existem pessoas preparadas para responderem aos auditores e conduzir as entrevistas do jeito que bem entendem.

Cabe ao auditor entender se o auditado está calmo para ser auditado ou não e se está bem-intencionado.

Como já citei, embora não pareça, o auditor é um ser humano!

Isso quer dizer que possui todos os problemas das pessoas comuns... Filhos doentes, dívidas para pagar, problemas conjugais, entre outros tantos.

Mesmo assim, não deve deixar que isso interfira. Quero citar um cuidado simples, mas essencial em qualquer relacionamento, principalmente em relacionamentos profissionais. Ao iniciar a entrevista, sempre se apresentar ao entrevistado. Dizer o nome, lembrar o que está fazendo ali e tentar colocar o auditado, que muitas vezes são pessoas humildes, à vontade para falar.

Lembro de um caso em que um auditor (juro que não fui eu) estava na área produtiva de uma fábrica, abordou um operador e perguntou se ele poderia dizer como operava a máquina.

O operador não teve dúvida:

– Não. Não posso dizer nada, afinal quem é o senhor?

Evidentemente a empresa deve informar com antecedência a todos a realização da auditoria. Mas mesmo assim, sempre pode haver pessoas que não se lembram ou que aproveitam essas situações para demonstrar um comprotamento hostil por isso, é sempre importante que os auditores tenham um certo conhecimento de costumes locais.

Já que falei de apresentação, vou falar de outro tipo de apresentação, mas não menos importante: Qual roupa deve ser usada pelo auditor?

Num dos meus primeiros trabalhos, atuei como membro de equipe de um auditor muito experiente e conhecido pelo seu bom humor.

Íamos auditar uma fábrica de cal, no interior do estado do Ceará, famosa pelo calor.

Alguns dias antes, eu recebo um telefonema do líder, dando algumas orientações e no final pediu para que eu me apresentasse de roupa formal, paletó e gravata, já que a direção da empresa estaria presente.

A empresa mandou um motorista me apanhar, já que o líder veio de Salvador e foi direto para a empresa. Lá vou eu, na inocência dos primeiros trabalhos, todo formal. O motorista estranhou toda aquela roupa, mas como não me conhecia, ficou quieto.

Quando chego à empresa e desço do carro, vejo todo mundo de jeans, camisas de mangas curtas, capacete e bota de segurança. Ninguém entendeu nada, mas o líder se divertiu muito com o trote que me aplicou. Naquele tempo, o trote não era considerado *bullying*.

Noutra ocasião, fui auditar o governador do estado do Ceará, num escopo dentro da Secretaria de Administração. Claro que numa ocasião dessas, fui de paletó e gravata, outra vez. Ao entrar na Secretaria, a cerimonialista solicitou que tirasse o paletó e a gravata, pois o governador não gostava de trabalhar assim e estava de traje esporte. Abandonei de vez o terno nas auditorias...

Se o formalismo exagerado pode ser um entrave às entrevistas, o auditor, como todo profissional, deve estar atento a sua apresentação.

Para os homens, sapato fechado, camisa de manga longa e os equipamentos de proteção individual são indispensáveis. A calça jeans pode ser aceita desde que de forma discreta. Se o auditor for adepto de pulseiras ou correntes, deve sempre estar atento às regras de segurança. Até mesmo relógios podem ser inconvenientes.

Para as mulheres, a mesma regra se aplica, com o cuidado de evitar saias e sapatos com saltos que podem comprometer a segurança da profissional. Evitar ao máximo todos os adornos, que são, inclusive proibidos em algumas situações, como colares, brincos, pulseiras e até maquiagem.

Uma vez em Salvador, auditei com uma colega, uma empresa que teve o cuidado de nos enviar, com antecedência, regras de segurança para adentrar a empresa. Para homens, calça jeans, sapatos fechados e camisa de algodão; para mulheres, calça cumprida e sapatos sem salto. O e-mail ressaltava que na admissão ao recinto seria admitido salto de até cinco centímetros, porém na área fabril, apenas botas de segurança. Minha colega apresentou-se com uma saia e com sapato com salto alto. Não teve saída, teve que voltar para casa e se trocar!

Outra coisa que é preciso ressaltar, na atualidade, é o uso de celular!

Parece que as pessoas não vão mais conseguir viver sem essas máquinas extremamente úteis e inconvenientes.

Uma das melhores coisas de auditar atualmente é poder deixar as "algemas" desligadas ou silenciosas durante o dia todo! É uma felicidade imensa, saber que aquela maquininha infernal está silenciada!

Já vi auditores e, é claro, auditados, que, durante a entrevista, consultam infinitas vezes seus aparelhos, como se algo fundamental pudesse ocorrer à cada segundo.

Já presenciei reuniões de abertura e de encerramento onde os celulares dos auditores interferiam! Isso é inaceitável!

Outra coisa que não tenho paciência, quando estou fazendo uma apresentação e toca o telefone, a pessoa atende e fica falando "baixinho", normalmente com a mão em forma de concha, como se ninguém estivesse ouvindo.

Nada contra os celulares, etc., mas está difícil aturar tanta dependência e desrespeito.

Noutro dia, novamente em Salvador, fiquei em um hotel com uma colega auditora. Na primeira manhã, descemos para tomar o café, que é a refeição que eu mais gosto.

Minha colega desceu com um "arsenal eletrônico", todos os "ais" possíveis.

Colocou tudo na mesa do café da manhã e enquanto comia, lia e respondia e-mails, teclava nos aplicativos, respondia mensagens e, é claro, consultava as redes sociais. Tudo isso e ainda comia e falava comigo. Genial... O problema é que sobre a mesa quase não sobra espaço para meu prato de frutas.

No segundo dia, ao chegar ao restaurante, vi que ela já estava aparelhada numa mesa, peguei meu suco e minhas frutas e sentei no outro lado do restaurante.

Quando me viu, ela me acenou e disse:

– Ei, estou aqui.

Eu respondi: E eu aqui. Você não vai ter tempo para conversar mesmo, ao menos tenho mais espaço para meus pratos. Depois do café conversamos.

Sei que sou chato nessas horas, mas estou esperando para ver alguém morder o celular e levar um sanduíche à orelha...

Vamos voltar a falar da auditoria propriamente dita.

Queria expor um conceito de amostragem que acho interessante.

Particularmente, gosto de escolher as amostras num sentido "vertical".

Explicando. Gosto de iniciar a auditoria na área comercial. Audito alguns pedidos que já foram comercializados e que sei que vão estar em produção ou na expedição.

Após esse processo, sigo os mesmos produtos em todos os setores. Posso auditar a realização do produto ou seus registros. Dessa forma, crio uma imagem bem sólida de todo o processo e problemas que aqueles lotes sofreram durante a realização.

Isso facilita o raciocínio, porém limita um pouco a amostragem.

A outra forma de fazer isso é a amostragem "horizontal", ou seja, a cada departamento, escolhemos lotes que estão sendo produzidos, independente dos demais processos.

Procedimentos x Sistemática

Estou escrevendo esse livro justo na hora do lançamento da nova versão das normas. Essa versão introduz um conceito que acho muito importante e que vai impactar diretamente aos auditores que só auditam a norma da qualidade: o fim da obrigatoriedade de se estabelecer procedimentos para cada atividade.

Na verdade, a norma na versão 2008 já trazia esse conceito. Apenas eram exigidos os chamados procedimentos obrigatórios, ou seja:

- Controle de documentos,
- Controle de registros,
- Auditoria interna,
- Controle de produto não conforme,
- Ação corretiva e,
- Ação preventiva, além do Manual da Qualidade.

Os procedimentos de outras áreas já não são exigidos, mas se tornaram prática comum.

O que deixa de ser obrigatório na nova revisão é o estabelecimento de procedimentos formais, apenas que haja a sistemática definida e implantada.

Essa configuração vai de encontro com as normas de meio ambiente e segurança do trabalho, que já aboliram essa exigência de formalização das sistemáticas. Agora não é exigido em nenhuma dessas normas.

Ocorre que os auditores se habituaram a cobrar procedimentos das áreas.

Há muito tempo que adotei a estratégia de perguntar no início de cada auditoria, em cada processo a ser auditado, se foi estabelecido um procedimento. Se a resposta for positiva, solicito o procedimento, se for negativo, o auditor tem que "se virar nos trinta".

Já presenciei casos em que o auditor chegou ao processo Projetos e solicitou o procedimento. Levou a resposta óbvia, que não havia sido estabelecido procedimento.

Não é que o auditor se irritou? Como vocês desenvolvem projetos sem um procedimento?

A resposta também foi óbvia: A norma não exige procedimento.

Em resumo, a nova versão da norma ISO só eliminou a necessidade daqueles seis procedimentos obrigatórios, que citei agora pouco, os demais já não eram obrigatórios.

Isso vai trazer uma dificuldade a mais para os auditores que só auditam a qualidade. Vai obrigar que o auditor entenda a sistemática e comprove que ela existe e é disseminada na organização.

Quero contar uma história que aconteceu comigo no início da versão do ano 2000.

Nessa versão, foi introduzida a necessidade de um Manual e definido que nesse documento seria necessário constar quatro itens:

- Escopo de certificação,
- Exclusões,
- Interação de processos e,
- Procedimentos obrigatórios.

Os demais itens são definição das empresas.

Muito bem, chego a uma empresa em Fortaleza e solicito o Manual da Qualidade. A Representante da direção me apresenta UMA folha, dobrada em três partes.

Estranhei muito, pois estava acostumando com manuais de ao menos trinta folhas. Quando questionei, recebi a resposta que era "só aquilo mesmo" e que tudo o que a norma exigia estava ali.

Por pura sorte, essa era uma pré-auditoria. A discussão se podia ser ou não daquela forma se estendeu e tive que encerrar a discussão para continuar a auditoria.

Na época, como não havia essa clareza, eu levei o caso à gerência técnica do certificador e foi muita discussão. Só algum tempo depois é que foi esclarecido que a forma de apresentação não tem importância alguma e que o conteúdo tem que se ater ao padrão normativo.

De todo jeito, na auditoria inicial, tive que me desculpar com a empresa.

O DEDO PODRE DO AUDITOR

Esse capítulo daria um livro completo.

Diz a lenda que todo auditor quando se forma usa um pozinho mágico na ponta dos dedos que faz com ele sempre busque os problemas ocultos.

Resumindo, a lenda diz que se existe algo errado, o auditor vai escolher sempre aquele caso. A isso se dá o nome de "dedo podre do auditor". Parece muito com a lei de Murphy.

Claro que isso não é verdade, embora ninguém que já foi auditado acredite.

O que ninguém comenta é que muitas vezes existem inúmeras coisas erradas e algumas certas, e nós pegamos justamente as certas. Aí o dedo do auditor não é definido como podre. Foi sorte da empresa.

Mas realmente auditoria é como pescaria. Dizem que todo pescador é mentiroso. Eu sou pescador e não sou mentiroso, só aumento um pouquinho o tamanho e a quantidade dos peixes.

Em auditoria também acontecem coisas que ninguém acredita e aí acha que é mentira.

Vamos contar algumas histórias verdadeiras (ok, podem ser um pouquinho exageradas", mas verdadeiras).

O caso do passarinho na massa.

Em Fortaleza, ajudei na preparação de uma grande empresa de alimentos.

Na pré-auditoria, atuou um dos melhores auditores do Brasil, em minha opinião, muito meu amigo. Estávamos fazendo um *tour* inicial. O auditor líder sendo acompanhado pela Representante da Direção e logo atrás a Coordenadora do Laboratório, o Diretor Comercial e eu, como consultor.

Lá pelas tantas, na área de massas para biscoitos, existiam grandes latões com massa descansando para entrar no processo. Eis que surge do nada um pardal, voa pela área e senta na beira de um latão, exatamente na frente do auditor e ainda dá uma bicada, como se falasse, "Olha eu aqui!".

O auditor perguntou incrédulo o que era aquilo e o Diretor Comercial não teve dúvidas: "É um passarinho". Risadas gerais.

Qual a probabilidade de um danado de um pardal entrar na empresa, passar pelas telas colocadas para impedir a entrada e vir sentar justamente na frente do auditor? Quase zero, mas era dia de auditoria.

Só para constar, esse foi um dos casos mais complicados que enfrentei na vida de consultor. Como evitar aves, principalmente pardais, nas empresas de alimentos? Quase impossível.

Nada os repele ou lhes dá medo. Nessa empresa, fizemos uma proteção total de telas. Não adianta, eles furam a tela. Chegam a usar as telas para fazerem ninhos!

Soubemos de bonecos que emitem um som não audível aos humanos, mas que os espantaria! A empresa importou dois. Eles nidificavam dentro dos bonecos.

O órgão ambiental sugeriu falcões, inimigos naturais, usados em aeroportos. Eles espantaram os falcões. Ou seja, são invencíveis.

O CASO DO REAGENTE COM PRAZO DE VALIDADE VENCIDO

Nessa mesma auditoria, a empresa possui um laboratório de ensaios impressionante. Tudo perfeito e organizado, profissionais de altíssimo nível. A Coordenadora estava acompanhando, empolgadíssima com o andamento da auditoria. Paramos para um cafezinho. Esse auditor é o único que eu conheço que gosta mais de café do que eu!

Depois do café ele diz para a Coordenadora:

– Agora vou entrar no Laboratório, achar uma não conformidade e depois sair para o almoço. Parece que estava adivinhando.

Entramos no Laboratório e ficamos observando pelas imensas janelas de vidro. Em cima da bancada, um único frasco de reagente... Já dá para adivinhar, né?

Ele perguntou o prazo de validade do reagente e pronto... estava vencido.

Todo mundo caiu na gargalhada. Só para resumir, foram verificados todos os frascos de reagente e só havia UM vencido e estava bem em cima da bancada.

Não conformidade aplicada e justificada, sem discussão.

O CASO DAS FICHAS DA MANUTENÇÃO

Outro caso legal aconteceu no interior do Ceará, durante um evento do qual eu era o membro de equipe. A cidade é pequena e tem um hotel bem na praça central e ao lado uma pizzaria.

Estávamos concluindo o primeiro dia da auditoria. Ao terminar minha parte, fui encontrar o líder que estava na Manutenção. Esse setor era em um escritório elevado, cercado de janelas de vidro, do qual se observava todo o processo produtivo.

Quando entrei no escritório o líder estava concluindo a entrevista sobre a metodologia de monitoramento de manutenção dos equipamentos que se concentrava em fichas de papel. Para cada equipamento uma ficha, colocadas em duas caixas de madeira sobre a mesa do responsável pela área.

O auditor já meio cansado vai até a janela, olha para a fábrica e diz que gostou da sistemática e só queria ver os registros de duas máquinas. O responsável diz que ele poderia escolher livremente. O líder olha e aponta para duas máquinas, uma a sua direita e outra à esquerda. Aquelas duas ali.

O encarregado pelas fichas vai todo esperançoso para as fichas, afinal eram duas máquinas de processo, não podia dar errado. Mas deu.

Quando procurou a primeira ficha, achou logo. Já a segunda, não teve jeito. Procura daqui, olha de lá, vem outra pessoa. Acha que está fora de ordem e nós ali, só achando graça.

Aí o auditor usou da experiência. Disse que iríamos parar ali, ir para o hotel, tomar um banho, por uma bermuda e ir para a pizzaria. No dia seguinte, começaríamos ali e iríamos ver as fichas.

No outro dia, não me aguentei de curiosidade e fui ver o desfecho da história. Quando chegamos à Manutenção, a tristeza era geral.

O responsável foi logo dizendo, em seu linguajar bem do interior do Ceará:

– Doutor, me dê os números da loteria! Passamos a noite verificando as fichas. Todas as máquinas possuem ficha, menos uma. A que o senhor pegou! Vá ter dedo podre assim lá longe!

O CASO DA CALIBRAÇÃO

Só mais um caso.

Numa das primeiras auditorias que participei, fiz parte de uma equipe que atuava em uma empresa têxtil, no Ceará. Foi um evento grande, com 3 auditores e a semana toda de trabalho.

No último dia, não havia nenhuma não conformidade aberta e a empresa já se preparava para a comemoração. Como terminaria na hora do almoço, já tinham programado um churrasco, com tudo o que acompanha um bom churrasco.

Restava apenas a área de Recursos Humanos para um colega auditar e a área de Calibração de instrumentos para que eu auditasse. O líder já estava fazendo o relatório, que naquela época era todo manual.

Esse relatório era terrivelmente trabalhoso.

Os auditores recebiam toda a documentação por correio, era um envelope grande, cheio de papel. Cada folha do relatório era um formulário específico, nada de informatização. Era um horror. Como curiosidade, o formulário para registro das não conformidades era na cor rosa. Era até bonito, mas com certeza, estranho. Porque cor de rosa? Não tenho a mínima ideia.

Mas, estava lá o líder preparando o relatório que ao final era devolvido por correio, num envelope grande ainda mais cheio de papel.

Após o cafezinho, vamos sair para auditar e o líder pede para ninguém criar problemas e benzer o dedo antes de escolher as amostras, já que tudo até ali corria perfeitamente. Parecia estar adivinhando.

Chego ao Laboratório e, querendo simplificar, escolhi dois ou três equipamentos de calibração simples e depois pedi a calibração mais óbvia do mundo: a do único equipamento que mede realmente a qualidade do produto da empresa. Levei um susto quando um ficou olhando para o outro. Como assim? Esse equipamento não se calibra! Ele é alemão e muito preciso! Além disso, não temos padrão para calibrar.

Quase caio da cadeira! Resumo da história, o único equipamento que precisava ser calibrado não era calibrado porque tinha sido fabricado na Alemanha. Não conformidade maior! Não dá para certificar.

Quando volto e comunico ao líder, quase teve um ataque do coração. Chama a direção. E aí, qual o resultado? Cancela o churrasco!

Era meu batismo de fogo!

A roupa do representante da direção

Uma brincadeira que gosto de fazer é dizer que toda vez que deixamos alguma não conformidade aberta ao final de um dia de auditoria, no dia seguinte observo a roupa do RD. Se for a mesma do dia anterior e estiver bem amassada, significa que passou a noite trabalhando na solução do problema.

Isso é maldade pura!

Evidências de auditoria

Uma coisa importante nas auditorias é que o auditor só pode julgar o que vê. Isso também parece óbvio, mas eventualmente fugimos disso. Auditor não tem que "achar" nada. Como diz uma amiga minha não tem nada que "achar" e se achar devolva, porque não é seu.

O que o auditor pode e deve é investigar. Como se diz no futebol tem que ser "fuçador" (ou fuçar as coisas).

Muitas vezes, o auditor percebe que algo não está certo ou que está sendo enganado. De todo jeito, isso não pode ser enquadrado como não conformidade. Tem que buscar evidências de que algo está certo ou errado.

Os auditores mais antigos diziam que auditoria é fotografia.

Deixe contar alguns exemplos.

O caso da qualificação pela escolaridade.

Uma vez estava numa empresa e ao auditar a área de Recursos humanos, o dono da empresa havia definido que a única qualificação exigida era que todos tivessem o segundo grau.

Isso é estranho, não havia definição de treinamentos obrigatórios, nem de experiência nem de habilidades específicas.

Aprofundei um pouco mais, mas não houve acordo. Ele estava irredutível.

Sabia que estava errado, mas não podia simplesmente definir isso. O texto da norma não é claro. Resolvi "fuçar" um pouco.

Quando fui para a área produtiva, verifiquei uma máquina sendo operada por um senhor. Pedi para auditá-lo e comecei a conversar com ele.

Depois de algumas perguntas, para encaminhar o assunto, perguntei a escolaridade dele e confirmou que tinha a escolaridade requerida.

Daí comentei que meu filho estava comigo no hotel e que estava cursando o primeiro ano de faculdade de engenharia. Perguntei se podia levá-lo a empresa no outro dia para que ele operasse a máquina.

– É claro que ele não vai conseguir operar uma máquina que ele não conhece.

– E como ele vai conhecer?

– Ele tem que receber uma série de informações e depois ficar alguns dias sendo acompanhado por um operador experiente.

– Ah, mas isso é ter treinamento e experiência.

Tome não conformidade.

Tem mais algumas histórias interessantes, que sempre acontecem e que precisamos estar atentos.

O caso consultor na auditoria

Em São Luis, no Maranhão, uma cidade que eu particularmente adoro, existe um consultor que se tornou meu amigo. O problema é que quase sempre ele começa a interferir na auditoria.

Aqui cabe um esclarecimento.

A norma atual impede que consultores sejam considerados Representantes da Direção ou que respondam pela empresa, mas alguns insistem.

Alguns auditores e alguns organismos limitam a participação de consultores nas auditorias. Particularmente, como consultor, eu praticamente nunca assisto as auditorias. Acho muito chato, além de deselegante, embora alguns clientes gostem que você esteja presente.

Como auditor, não me importa que participem, mas os consultores têm que ter claro a sua posição de observador e não interferir ou evitar interferir.

Responder pela empresa, nunca. Não é permitido.

Pois bem, nesse evento, toda vez que eu fazia uma pergunta, esse meu amigo que é o consultor da empresa e, portanto, não deveria interferir, se adiantava e respondia. Simplesmente não deixava a Representante pensar ou buscar as respostas. Isso foi irritando tanto a mim como a auditada.

Em certa altura, pedi, meio na brincadeira, para que ele não interferisse, esperando que isso fosse suficiente para alertá-lo. Não adiantou. Na próxima, fui mais direto e solicitei que ele deixasse a pobre da moça pensar um pouco. Ainda assim não foi o bastante.

Depois de uma pergunta um pouco mais elaborada, o dito cujo resolveu dar a resposta e eu não aguentei. Respondi energicamente:

– Você pode calar a boca e deixar a moça responder?

O espanto foi geral. Todos ficaram de olhos arregalados.

Quando dei por mim, já tinha dito, não tinha mais o que fazer.

A única saída foi dar uma gargalhada e deixar claro que foi espontâneo, não havia pensado nisso, mas já que tinha feito, feito estava.

Foi errado e deselegante da minha parte, mas resolveu. Nunca mais ele deu palpite nas auditorias.

Dizem que a pedra lançada, a lança arremessada e a palavra dita não têm como voltar atrás.

Na mesma linha dessa mancada, houve o caso do Vasco da Gama.

Em outro evento, no estado de Sergipe, já tinha auditado algumas vezes uma empresa e estava me sentindo relaxado demais para essa auditoria em questão. E isso sempre trai nossa postura.

Já tinha terminado a auditoria propriamente dita e começava a fazer o relatório. O Representante da direção, sabendo que eu gosto de futebol, quis ser simpático e perguntou se eu torcia pro Vasco da Gama.

No reflexo respondi como amante do futebol e não como auditor:

– Não sou cachorro!

Mancada suprema, o amigo, claro, é torcedor do Vasco. Até hoje não me perdoou.

Tem ainda o caso do dedo nervoso

Em nossos dias, o pessoal não consegue viver sem informática em geral e quando vê algum aparelho dessa área parece que perde a noção.

Já falei dos "smartphones", celulares, etc., mas o caso do computador também foi interessante.

Numa reunião com a direção de uma empresa, o Diretor estava apresentando a metodologia de monitoramento dos objetivos da qualidade e do monitoramento dos processos.

Tratava-se de uma pessoa na mesma faixa etária que eu e logo não tinha toda essa habilidade ou essa "tara" por computadores e afins.

Solicitou a um estagiário que "pilotasse" o computador e o projetor e fosse mostrando os dados enquanto ele ia explicando.

Até aí tudo bem, mas vocês já perceberam como os meninos (e meninas) ficam quando pegam um "mouse" e pilotam um computador?

Eles simplesmente não param! Não conseguem acessar a página e ficar aguardando ou estudando os dados. Ficam mexendo, alterando, mudando dados e cores, mais pra cá, mais pra lá... Enfim, não conseguem parar a imagem

Isso foi se repetindo e o Diretor, tanto quanto eu, não conseguia firmar os olhos em dado algum porque toda hora algo se mexia.

Lá pelas tantas, já irritado, explodiu:

– Se você mexer outra vez essa porcaria dessa tela está demitido. Me passa essa porcaria desse *mouse* aqui.

Outra vez, o constrangimento foi geral e, ao final, uma gargalhada coletiva depois de assimilar a situação.

Temas proibidos

Alguns temas são proibidos numa auditoria. Na verdade, são proibidos em várias situações, inclusive na auditoria.

Alguns são óbvios, política, religião, futebol são alguns exemplos de assuntos que devem ser evitados ou tratados como muito cuidado pelo auditor para não criar uma situação desagradável e que vai comprometer o trabalho.

Só para ilustrar, eu acompanhei como consultor uma auditoria cujo auditor era baiano. No dia da auditoria, aparece um funcionário com a camisa do Vitória (um dos dois times do estado da Bahia). Quando vi, mandei trocar de imediato de camisa. Vai que o auditor era torcedor do Bahia!

Ah sim, na véspera, o Vitória havia goleado o Bahia, o que ia comprometer ainda mais...

Como auditar alguns requisitos das normas

Nesse capítulo, quero comentar como se devem auditar alguns dos requisitos da norma da qualidade. Evidentemente não vou passar por todos, se fosse fazer isso, iria virar uma apostila e não é esse o interesse do livro.

Auditando a documentação

Já comentei anteriormente o caso do Manual da Qualidade. De toda forma, sempre gosto de comentar as auditorias nos requisitos de controle de documentos e de registros.

Quando uma empresa inicia a implantação de seu sistema de gestão, define uma série de regras que devem ser observadas na organização. São as "regras do jogo". Na versão 2008 da norma ISO 9001, eram requeridos os seis procedimentos que norteavam o sistema, como já citei anteriormente. As empresas normalmente definem e vão continuar a definir uma série de outros documentos. Esses são chamados normalmente de Procedimentos, Procedimentos de gestão, Procedimentos operacionais ou Instrução de Trabalho. A nomenclatura depende do gosto da empresa ou da consultoria que auxilia na implantação do sistema.

Nas primeiras versões das normas, era solicitada uma "lista mestra de documentos". Trata-se de uma relação de todos os documentos que compõem o sistema, com suas versões e distribuição. Embora já não seja mais obrigatória há bastante tempo, é normal que elas ainda existam e realmente facilitam a vida de quem tem que controlar essas regras.

Ocorre que essa metodologia é bastante trabalhosa e é comum se encontrar documentos sendo usados em uma versão e constar na lista de controle outra versão.

Se a versão em uso for atual e a lista estiver desatualizada, o problema não é tão grave, porém se a lista estiver correta, significa que o documento em uso está desatualizado e isso pode causar problemas sérios para a organização.

De toda forma, o auditor deve prestar muita atenção a esses dados. Uma forma usual de verificar é, na auditoria da área de Gestão, entender a metodologia usada. Durante a auditoria anotar vários documentos em uso e depois verificar se as versões utilizadas na prática correspondem à versão atualizada.

Claro que um sistema informatizado, um aplicativo, por exemplo, facilita muito esse controle. Tenho visto muitas empresas usando a intranet nesse controle. Somente as cópias disponibilizadas na rede podem ser usadas. A limitação de tais controles é o uso em áreas industriais ou quando o usuário faz muitas movimentações, como motoristas, por exemplo.

A mesma metodologia se usa no controle dos registros da qualidade.

Deixe exemplificar. Em uma empresa na cidade de Fortaleza, estava auditando a prestação de serviços aos usuários de um sistema. Quando perguntei ao auditado sobre a formação de preços que ele utilizava, este mostrou uma planilha fixada na mesa de trabalho, sob o vidro da mesa. Havia algumas anotações a caneta no papel impresso.

Esse é um sinal claro para um auditor investigar. Documento fixado em paredes, em quadros de aviso, em mesas e em máquinas, é uma fonte de não conformidades.

Quando perguntei como funcionava, a guia que me acompanhava já demonstrou toda a fragilidade da atividade. Estava claro que ali havia um problema.

A explicação também é um lugar comum: Como a tabela de preços está anexa a um procedimento com muitas informações e é difícil de acessar, mesmo no computador, o usuário, às vezes na melhor das intenções imprime uma cópia e anexa ao seu lugar de trabalho. Ocorre que isso não é controlado pelo sistema de gestão e quando há alterações no documento, essas cópias se tornam "piratas". Essa empresa estava praticando um preço e o profissional usava preço antigo, evidentemente mais baixo para as vendas de serviço. Prejuízo para a empresa e é claro, não conformidade no sistema de gestão.

No último levantamento que tive conhecimento, o controle de documentos e de registros era o campeão imbatível no número de não conformidades levantadas. Acredito que isso possa ter mudado, mas se o auditor quiser mesmo abrir uma não conformidade numa empresa, deve vasculhar bem esse requisito que a chance é grande...

Política da qualidade – caso do celular

Houve um tempo em que os auditores adoravam perguntar a política da qualidade e abrir não conformidade no item. Era bem fácil. Sobre esse item dá para contar uma série de histórias.

O que é importante e é isso que os auditores devem procurar, é que exista uma política, que atenda aos requisitos da norma e que seja compreendida pelos funcionários.

Consegue-se essa compreensão perguntando em alguns setores sobre o que o colaborador entende da política da qualidade e como ele contribui (ou ajuda) para a política estar desenvolvida na empresa.

Como nas versões anteriores, essa definição de compreensão da política não era tão clara, os consultores (sempre eles) criaram uma série de saídas.

Uma foi fazer a política tão simples que todos pudessem decorar. Um exemplo clássico foi uma indústria de artefatos de concreto, em Fortaleza, que definiu sua política nos seguintes termos: Qualidade concreta!

Também em Fortaleza, existe uma rede de vendas e recauchutagem de pneus que tem um *slogan*: Onde um pneu é um pneu!

Mais simples impossível e todos decoravam.

Mas isso não é política, embora sejam ótimos *slogans*.

Outra atividade que os consultores desenvolveram foi massificar o texto definido através de protetores de telas de computador, cartão de visita, verso do cartão de ponto, "testa" dos computadores, costas de camisetas que todos usavam no dia da auditoria, enfim, a criatividade não tem limites, mas não agregava nada às empresas. Compreender é muito mais importante.

Esse caso que vou contar não aconteceu comigo, mas ouvi de uma colega e até gravei no celular de tão hilário:

Numa obra de construção civil, a auditora perguntou a um colaborador se havia uma política e se ele conhecia. Ele, claro, respondeu positivamente. Qual a política? "Sinta-se em casa", ele respondeu. Muito simples e queria indicar que os funcionários e clientes deveriam ter um ótimo ambiente na empresa.

A auditora não se deu por contente e pediu para que ele explicasse com suas próprias palavras e veio a "joia": Olha, Doutora (no Nordeste doutor ou doutora, quando não é doutorinha), isso significa que em casa eu não faço porcaria nenhuma e aqui também não faço nada... Dá-lhe não conformidade.

O CASO DOS PASSARINHOS NO CAMINHÃO

Esse caso é muito interessante e positivo. É uma pena eu não poder citar a empresa onde ocorreu, mas não obtive na época autorização para citar e nem para usar as fotos que tirei, por isso vou manter em sigilo, mas foi verídico e muito legal.

Participei de uma auditoria numa distribuidora de produtos de petróleo que tinha sede em Natal, no Rio Grande do Norte, e bases e postos de vendas de combustíveis espalhados pelo Brasil.

A equipe começou com um colega de Belo Horizonte que era o líder e que infelizmente já parou de auditar e hoje escreve poemas.

A auditoria foi bem longa, duas semanas, abrangendo qualidade e ambiental. Começou em Natal e terminou, já com outro colega como líder, no interior do estado da Bahia.

Ao final da primeira semana, estávamos auditando uma base no interior do estado de São Paulo, na cidade de Paulínia, região de Campinas, onde passamos o final de semana.

Durante a auditoria nesse *site*, fomos informados que a empresa havia adquirido alguns caminhões, que haviam sido preparados para entrar em funcionamento e estavam estacionados no pátio, esperando a documentação e que estavam prontos para operar naquela quinta-feira.

Eram vários caminhões, acredito que uns dez ou doze, e da forma com que foram estacionados o primeiro estava junto a uma reserva de mata, ao lado da empresa.

No meio da manhã, estava auditando o escritório da área de Logística quando um funcionário interrompeu e pediu para falar um minuto com o responsável pela liberação dos caminhões.

Havia um problema. Enquanto os caminhões aguardavam a liberação para entrar em operação, um pássaro havia construído seu ninho sobre a plataforma que fica acima de um dos pneus traseiros, o apara barro.

Além disso, a fêmea havia botado dois ovinhos e estava lá chocando. O que fazer?

Vale lembrar que a empresa possuía certificação na norma ambiental e que sua política tinha um compromisso expresso com manutenção do meio ambiente.

Como auditor, curioso e amante dos pássaros, eu quis ir ver aquilo de perto.

Era pura verdade. Lá estava uma ave, conhecida como pomba rola, toda prosa no seu ninho, chocando seus dois ovos. Não havia quem fizesse com que ela deixasse o ninho.

O responsável pela Logística não teve dúvidas, fotografou o fato, e ordenou que todos os demais caminhões fossem encaminhados para a operação, exceto o primeiro, que deveria ficar estacionado até que os filhotes nascessem e fossem criados.

Fotografei e mesmo não sendo obrigatório pela auditoria, pedi para que continuassem a me enviar fotos da ninhada.

Recebi todos e o caminhão só começou a operar quando a mamãe pássaro levou seus filhotes para outro lugar.

Esse é o tipo de compromisso que nos emociona, que queremos ver e que faz nosso serviço valer apena.

Responsabilidade e autoridade

Acredito que esse seja um dos capítulos mais importantes das normas e deve ter atenção especial dos auditores.

Responsabilidade é aquilo que devemos fazer, temos a obrigação de executar. Autoridade é até onde podemos chegar.

Cabe ao auditor verificar em vários setores o que uma pessoa tem que fazer e até onde pode chegar.

Alguns papéis são evidentes. Por exemplo, qual o desconto que um Vendedor pode conceder, até que valor um Comprador pode aprovar uma compra e assim por diante. Existem ainda alguns pontos que são exigência legal, como testes psicotécnicos, que não podem ser realizados a não ser por profissionais competentes, testes mecânicos, assinaturas de laudos técnicos, serviços de eletricidade, operação de equipamentos, como empilhadeiras e pontes rolantes.

É fundamental que os auditores se preparem para essas atividades e conheçam ao menos alguns pontos onde isso é exigido.

Uma atividade crítica para qualquer indústria é a autoridade por definir o que fazer com produtos não conformes, como veremos mais adiante.

Análises críticas

Ainda nesse capítulo, quero salientar a importância das análises críticas do sistema de gestão.

Todas as normas definem que a organização deve, em intervalos planejados, realizar as análises críticas de seu sistema, através de uma pauta mínima que as normas estabelecem e registras as saídas que definiram para cada assunto abordado.

A primeira coisa que um auditor deve estar atento é se a organização está cumprindo a periodicidade que ela própria definiu. Isso se faz solicitando no mínimo dois registros.

Depois disso, verificar se todas as entradas do padrão normativo estão contempladas no registro e se há comentários coerentes com os resultados.

É normal que as empresas usem textos padrões para cada item. Não que isso seja proibido, mas não é desejável. Os registros devem comprovar que a empresa analisou cada item e tomou decisões cabíveis.

Por último, verificar se foram definidas saídas compatíveis, ou se estão expressas atividades que serão implementadas, com responsáveis, prazos e acompanhamentos para corrigir ou melhorar aspectos analisados.

Só uma dica, as normas não falam em reunião de análise crítica, falam apenas em análises críticas, portanto não se pode exigir que sejam realizadas reuniões.

INFRAESTRUTURA E AMBIENTE DE TRABALHO

Um ponto muito polêmico da norma e que eu queria salientar é o que trata de infraestrutura como um todo na empresa e o ambiente de trabalho.

Importante que a norma cita que esses itens devem atender aos requisitos do produto e não necessariamente às pessoas que ali trabalham.

O pessoal da área de humanas que nos perdoe, mas no padrão normativo a preocupação é com o produto.

Sendo assim, o que o auditor deve averiguar é se as instalações conferem um ambiente propicio à realização do produto.

Imagine uma empresa que faz um produto perecível ou que se contamine com facilidade e que o telhado esteja malconservado. O que acontece em caso de chuva?

Já auditei empresa têxtil que conserva grande quantidade de algodão em fardos. Se o telhado apresentar qualquer problema, em caso de chuva pode por tudo a perder. Outro problema muito sério é a possibilidade de incêndio. Fios desencapados, expostos, caixas elétricas malconservadas, "gambiarras", tudo pode comprometer a qualidade do produto.

Alimentos são problemáticos também. Imagine uma câmara fria malconservada, com portas que não fecham corretamente, dispositivos de controle de temperatura não confiáveis ou não calibrados. Tudo pode ser problema.

Aqui uma ressalva para auditores. É importante ter foco na norma que se está auditando.

Atualmente os auditores trabalham com mais de uma norma. É normal que se audite a área da qualidade, ambiental e segurança no trabalho. É fundamental que o auditor não se deixe levar por elementos que não são da área auditada.

Por exemplo, o auditor está verificando a gestão da qualidade e vê um problema da área de segurança que não impacta na qualidade do problema. Pode e até deve comentar, sugerir, mas nunca pode registrar como não conformidade.

O que também quero salientar é que esses cuidados não são limitados à área fabril. Depósitos, transportes e entregas também podem fazer parte da auditoria.

Para finalizar, um caso.

Em uma empresa no interior do Ceará, a empresa fornecia produtos eletrodomésticos. As instalações da área produtiva eram bem adaptadas. Porém, numa entrevista na área Comercial, verifiquei que vários produtos eram encaminhados para um depósito fora da fábrica. Quando questionei do que se tratava, fui informado que, como havia grande quantidade de material acabado em estoque, uma parte era destinada a um barracão que ficava há uma distância aproximada de dois quilômetros e então eram expedidos. Como o escopo contemplava comercialização e entrega, pedi para ir até lá e verifiquei uma série de problemas, como piso inadequado, telhado com vazamentos entre outros. Não há como não registrar a não conformidade.

O mesmo cuidado deve ser dado ao transporte dos produtos. Se o transporte for responsabilidade da organização, todos os meios devem fazer parte da auditoria. Se for responsabilidade dos clientes, deve haver um controle sobre as condições de transporte, ao menos como orientação.

Monitoramento do produto e produtos não conformes

A norma na sua revisão 2008 possui dois requisitos com títulos muito próximos, mas com finalidade absolutamente diversa.

O requisito 8.2.3 trata de Monitoramento de processo, que já comentei e o 8.2.4, monitoramento de produto, que basicamente é o velho Controle da Qualidade.

Nesse requisito é muito importante que o auditor analise todo o ciclo do produto, desde as matérias-primas, passando pelo processo produtivo e produto final, inclusive com os requisitos do cliente ou requisitos legais.

Como consequência do monitoramento do produto, o padrão normativo possui o requisito Controle do produto não conforme.

Quero salientar dois pontos muito importantes. O primeiro diz respeito a ligação desse requisito com o requisito que trata de responsabilidade e autoridade.

É obrigatório definir as funções responsáveis por tratar dos produtos não conformes.

O segundo é que um produto não conforme não é obrigatoriamente um produto sem utilidade.

Vamos exemplificar. Imagine que numa obra, o almoxarife receba um lote de sacos de cimento com prazo de validade vencido recentemente. No recebimento, esse fato deve ser observado, identificado e documentado de forma a evitar que o produto seja utilizado indevidamente.

Essa identificação pode ser feita do modo que a empresa definir, o mais simples possível. Pode se usar etiquetas vermelhas, bandeirinhas, enfim, qualquer identificação que deixe claro que não se pode usar aquele material.

Vi uma empresa em Fortaleza que usa tintas em spray nas cores verde e vermelho. Se o material está aprovado, faz na lateral do material uma marca, que sempre está paletizado, com a cor indicando a situação do material. Mais simples impossível.

Antigamente usava-se a expressão "segregar o material". Essa expressão foi retirada da norma porque muitas vezes é impossível ou impraticável segregar algo. Como posso segregar, por exemplo, um apartamento de um prédio que está em auditoria? Ou qual a viabilidade de segregar um grande lote de material como barra de aço?

O auditor “fuçador”

O caso da empresa sem não conformidade

Outro exemplo para deixar claro como um auditor deve se aprofundar na investigação foi o ocorrido numa empresa no interior de Sergipe.

Tratava-se de uma empresa da área metal-mecânica, um processo que tenho bastante familiaridade.

A empresa usa várias formas de usinagem e transformação de aço.

Esse tipo de empresa, normalmente tem muitos produtos não conformes.

Quando estava auditando a área de Gestão da Qualidade, solicitei registros de produtos não conformes. Fui informado que naquele período, de quase um ano, não havia ocorrido nenhum produto não conforme, quer seja produto final ou durante o processo produtivo.

Aleguei que isso era quase impossível. Acho que nem no Japão isso ocorre, mas a resposta não se alterou.

Vale lembrar que é responsabilidade do auditor o levantamento de evidências, positivas ou negativas.

Quando fui auditar a área produtiva, vi um funcionário fazendo uma solda, num lugar aberto, devidamente protegido, mas não era a sala específica de solda.

Esperei que concluísse e pedi para entrevistá-lo. Autorizado, comecei a conversar sobre o motivo de fazer aquela solda naquele local e soube que era trabalhoso levar o material até a solda, era mais fácil ele se deslocar com a máquina.

Papo vai, papo vem, perguntei da qualificação dele e recebi a resposta que tinha curso de solda e muita experiência e veio a pergunta que eu queria realmente fazer. Perguntei se toda a solda ficava perfeita logo na primeira tentativa, se não havia erros, se não havia retrabalho ou material sucateado.

Evidentemente que havia. Não só havia como muitos materiais estavam colocados em um tambor para serem descartados, além de haver muito retrabalho, não só ali, mas praticamente em todo o processo.

Era essa a evidência que estava procurando. Não havia registros de produtos não conformes. Dá-lhe não conformidade.

A Satisfação dos clientes

Tudo o que uma empresa fizer em termos de gestão deve ter como foco a satisfação dos clientes, evidentemente.

Aqui quero deixar algumas dicas importantes. Quem é o cliente da organização e do escopo.

Muitas vezes isso é evidente, mas eventualmente essa pode ser uma definição mais complexa.

Existem empresas em que o cliente principal é o próprio fornecedor.

Imagine uma representação de uma grande marca. Seu cliente principal é justamente quem contrata e fornece os produtos, ou seja, o fornecedor.

Existem empresas que possuem apenas um cliente.

Existem empresas que possuem clientes e usuários. Por exemplo, a empresa que vende para uma loja varejista. Seu cliente é a loja, mas o usuário do produto é o cliente da loja.

Existe ainda empresa onde o cliente é simplesmente um setor dentro da própria organização. Por exemplo, uma empresa cujo escopo é apenas a parte inicial do processo.

Para fugir dos exemplos já dados, quero citar uma empresa de ônibus que tive contato em Recife, Pernambuco.

Uma empresa de ônibus tem basicamente dois grandes processos: a Logística dos ônibus, também chamada de Tráfego ou Trânsito e a Manutenção dos ônibus. Nessa empresa, o escopo só cobria a Manutenção dos ônibus. Uma vez revisados, eram entregues à área de Logística, que se tornava seu cliente único.

De todo jeito, cabe à empresa definir quem é o cliente ou quem são considerados seus clientes no âmbito de seu sistema.

A nova versão da norma já exige essa definição, no requisito Partes interessadas, mas na versão 2008 isso não é contemplado.

Uma vez definido, cabe à organização definir como vai monitorar a satisfação dos clientes. Aqui vai um desafio para os auditores. Quando a empresa define por uma pesquisa de satisfação ou possui uma área específica como a Ouvidoria, fica mais tranquilo, mas nem sempre isso ocorre e não é exigência da norma.

A pesquisa de satisfação não é um requisito! O monitoramento da satisfação é um requisito.

Uma coisa muito importante é que a satisfação não pode ser medida pela ausência de reclamações! Por exemplo, você vai a um restaurante, é mal atendido, a comida é ruim e cara. Você pode reclamar ou simplesmente ir embora e nunca mais voltar. Provavelmente vai dizer para todos que tiver a oportunidade que aquele restaurante é ruim, mas formalmente ele não tem reclamações.

Vi um exemplo que achei bem interessante e queria compartilhar. Uma empresa usa o volume de compras de seus principais clientes, ao longo do ano como padrão. Se o cliente considerado compra um volume aproximado do que comprou nos anos anteriores, significa que está satisfeito. Em caso de variação acima do tolerado, a empresa entra em contato com o cliente para saber se o motivo é uma insatisfação ou outro problema qualquer e se aplicável toma medidas que julgue necessárias.

Compara sempre mês a mês por considerar que possui um produto com características cíclicas. Achei bem interessante e prático.

Particularmente odeio pesquisas.

Quanto a reclamações, queria deixar uma dica. Nunca considerem uma reclamação como improcedente. No mínimo, tenham muito cuidado na análise. Uma reclamação aparentemente improcedente pode esconder uma grande oportunidade de melhoria.

Deixe contar alguns casos para exemplificar.

Em um supermercado, vi uma senhora muito brava porque havia comprado uma picanha e quando foi comer verificou que era muito dura. Voltou ao supermercado e reclamava alto e em bom som. O gerente foi chamado e tentava acalmá-la. Levou a cliente até o açougue e em frente ao balcão mostrou que havia dois tipos de picanha. Uma era mais barata, porém realmente não era tão boa, logo menos macia. A outra era bem macia, mas o preço era maior e a cliente havia comprado da mais barata.

Você acha que isso resolveu o problema? Não, só aumentou. A cliente ficou ainda mais brava declarando que, do jeito que estava colocado, pobre tinha mesmo era que comer carne dura.

Cliente quando está bravo o gerente precisa ficar fica esperto.

Vamos analisar um pouco a situação. Será que a informação estava clara para quem compra a picanha? Será que o cliente não estava sendo induzido ao erro e a cometer engano e se sentir lesado?

Essa reclamação poderia ser uma boa situação para melhoria na comunicação? Com a palavra o gerente do supermercado. Nenhuma empresa deveria perder essas oportunidades de melhorar seus trabalhos e suas relações com seus clientes.

Em outra ocasião, auditei um hotel que registrou a reclamação de uma senhora (essas mulheres adoram reclamar), inconformada porque a hóspede do andar superior estava andando pelo quarto com um sapato de salto, fazendo aquele barulho "infernal" e não a deixava dormir. Exigia que o responsável ligasse e mandasse que ela retirasse o sapato ou parasse de andar pelo quarto fazendo aquele toc toc.

Será que algum homem da recepção teria coragem para ligar para uma mulher que provavelmente estava se arrumando para sair à noite e mandar que ela tirasse o sapato? Duvido! Eu não teria!

Novamente a análise. Será que a acústica do quarto pode ser melhorada? Um tapete resolveria?

Essas são situações que devem ser aproveitadas dentro do sistema de gestão em busca de melhorias.

Ação corretiva e ação preventiva

O requisito ação corretiva é, em minha opinião, o mais difícil de ser implantado e seguido nas empresas.

Há muita resistência do pessoal em registrar as não conformidades. Depois de registrar, os conceitos de Correção ou ação imediata, investigação de causas, ação corretiva, ação preventiva, implantação das ações e eficácia das ações, são um tormento para todo mundo.

Inclusive para auditores.

Cabe ao auditor verificar a abertura das ações, lembrando que as não conformidades abertas em auditorias internas ou externas exigem tratamento. Outras fontes comuns de não conformidades são as reclamações de cliente e o monitoramento de produtos.

Uma vez abertas, o auditor deve verificar a sistemática de tratamento.

Se for bem exigente, dificilmente aprova uma empresa. É um tormento sem fim, mas vou entrar mais um pouco nesse assunto mais à frente.

Só lembrando que a nova versão da norma de gestão da qualidade aboliu o requisito ação preventiva e exige tratamento para reclamação de clientes.

O ÚLTIMO RECURSO – O BANHEIRO

Existem situações na vida de um auditor que o colocam em dúvida.

Afinal, como já frisei, embora não pareça, o auditor é um ser humano.

Várias vezes nós somos surpreendidos por situações, perguntas, questionamentos que nos deixam em dúvida.

Imagine que você está auditando e de repente alguém questiona uma afirmação sua ou faz uma pergunta para a qual não encontra resposta. Isso tudo sem afirmar que às vezes "dá o branco" e não nos lembramos nem onde estamos. Isso normalmente acontece em situações de estresse, cansaço físico ou mental.

O que fazer nessa hora?

A melhor saída que eu encontrei foi perguntar: Há algum banheiro por aqui? Posso usar e depois continuamos?

Pronto, estamos salvos.

Afinal, o banheiro é um lugar onde podemos ficar sozinhos e pensar antes de continuar numa situação indesejada.

Muitas vezes me socorri desse expediente, o banheiro se tornou o lugar onde busco as respostas e consigo voltar a ter lucidez.

A nova norma – NBR ISO 9001:2015

Nesse momento, já existe disponível as novas versões das normas da qualidade, a NBR ISO 9001, e a ambiental, NBR ISO 14001.

A norma ambiental não contém grandes alterações, porém a da qualidade tem mudanças fundamentais de conceitos

As revisões têm como primeiro grande princípio a unificação dos itens das normas ISO, o que vai facilitar em muito todo o trabalho a ser desenvolvido.

No seu capítulo 4, onde a norma realmente se inicia, estão contemplados os requisitos:

- Entendendo a organização e seu contexto;
- Entendendo as necessidades e expectativas das partes interessadas.

Nesses dois capítulos, a norma exige que se forme uma ideia clara do contexto onde a organização atua e quem são as partes interessadas. Perceba-se que vai muito além de clientes e fornecedores. São todas as partes interessadas, como sociedade, sindicatos, associações, comunidades, enfim, todos que são ou podem ser influenciados pela organização ou seus produtos.

No capítulo 6, a norma aborda Riscos e oportunidades. Nova mudança radical, que vai obrigar a uma profunda reflexão na organização.

Esse é um levantamento dinâmico, não é um levantamento que se realiza uma vez e está acabado. Obriga que as organizações se questionem o tempo todo.

Particularmente acho um grande avanço de conceito de gestão.

Outras mudanças significativas obrigarão os auditores a se atualizarem e mudarem seu estilo de trabalho.

Ao eliminar a exigência de qualquer documento escrito, inclusive da figura do Representante da Direção, a norma vai forçar os auditores e se prepararem melhor para cada evento e entenderem uma sistemática. Não dá mais para ficar julgando em cima de um texto escrito em um procedimento.

Aquele velho conceito de escreva o que você faz e faça o que escreveu, está com os dias contados. A partir dessa versão, os auditores vão ter que entender a sistemática adotada pela empresa, verificar se ela está implantada e é entendida e cumprida por todos e isso independe de um texto escrito.

Ponto para a ISO!

As auditorias nessas versões começam a ser realizadas. Nesse momento, realizei apenas uma auditoria inicial e me preparo para a primeira certificação. Mas já estou me preparando para o evento.

As não conformidades

A maioria das pessoas acredita que os auditores adoram dar não conformidades. Acham que encontrar uma não conformidade e abrir o registro é uma festa para os auditores. Bem, isso quase sempre é mentira.

Às vezes, até que é bom achar alguma, mas nem sempre é isso que acontece

O mais comum é que as não conformidades "caiam no seu colo".

Já escrevi algumas coisas sobre isso nesse livro, mas gostaria de salientar alguns pontos importantes:

- Não conformidade por contrariar a norma ou a um procedimento (ou sistemática).
- Uma não conformidade só pode ser registrada em um desses casos. Não há outra situação.
- Uma não conformidade deve ser avaliada criticamente pelo auditor.
- O auditor não pode ter pressa em declarar a não conformidade. Se o auditor encontrou algo que justifique, deve

analisar com calma, procurar evidências, fazer seu julgamento internamente e só depois declarar seu ponto de vista;

- Uma vez determinado, declara de imediato o ocorrido ao auditado e ao guia, que serve de testemunha do fato e da comunicação;
- Se não houver discordância do auditado, registra de imediato. Isso é fundamental. Anotar corretamente, já com texto definitivo ou muito próximo disso e registrar todas as evidências. Todos os dados são importantes na redação. Onde encontrou, qual foi a amostragem, qual foi o lote ou evidência, enfim, tudo o que caracteriza o ocorrido. Deixar para registrar posteriormente é um erro grave que comprometer todo o trabalho;
- Enquadrar a não conformidade em um único requisito normativo. Normalmente uma não conformidade pode ser enquadrada em dois ou mais requisitos. Cabe ao auditor caracterizar o item. Essa classificação é fundamental na solução da não conformidade;
- Descrever a não conformidade é outro problema muito sério. Já houve casos em que o auditor se complicou tanto na redação que depois nem ele sabia o que quis dizer. Nesse caso, como a organização pode corrigir?
- Uma técnica que se ensina nos cursos de auditor e que eu gosto muito é fazer um texto geral, copiando boa parte do texto da norma e na sequencia detalhar as condições que foram encontradas;
- Classificar a não conformidade em Maior (tipo A ou sistêmica) ou Menor (tipo B ou pontual).

Reforço, porém, que a não conformidade deve ser comunicada de imediato e ser relatada no ato em que foi encontrada.

Antigamente alguns auditores não comunicavam e nem diziam quantas não conformidades haviam considerado. Isso criava uma apreensão terrível na empresa. Ouvia-se a todo o momento comentários querendo saber como a auditoria estava transcorrendo, se seria possível a certificação e nada do auditor "abrir o jogo". Na reunião final era uma expectativa só, todo mundo nervoso e tenso.Era um espetáculo de horror. . Hoje ninguém mais ousa fazer uma coisa dessas.

Vale lembrar que da classificação da não conformidade virá o plano de correção. Dessa forma, se o auditor classificar em um determinado item, todo o trabalho será para aquela situação.

Vale aqui um o exemplo.

O caso do registro do monitoramento de processo

Numa fábrica auditada, havia um procedimento que definia que todos os dias o Operador deveria verificar alguns parâmetros tido como críticos para a operação, como pressão e temperatura e registrar em um determinado formulário. Esse formulário era analisado diariamente pelo Encarregado de produção e arquivado no escritório da área pelo período de um ano.

O auditor verificou a sistemática e solicitou os registros dos dias cinco, seis e sete daquele mês, depois de assegurar que eram dias úteis.

Embora eu nunca tenha ganhado nada com isso, adoro o número seis e sempre recorro a ele em amostras aleatórias.

O responsável encontrou os registros dos dias cinco e sete, porém o do dia seis não se encontrava na pasta (olha o dedo podre em ação).

Procura daqui, revira de lá, nada de registro.

Registrei a não conformidade, enquadrada no requisito Monitoramento de processo, pois deduzi que a verificação não havia sido feita.

O responsável alegou que havia feito, porém tinha perdido o registro.

A não conformidade está mais do que caracterizada, porém se eu classificasse como Controle de registros, as ações seriam dedicadas a esses controles, já classificando como Monitoramento de processos, o trabalho seria totalmente diferente.

Aí vale a percepção momentânea do auditor.

O caso dos formulários de registro das não conformidades

Houve um caso engraçadíssimo, que quase culmina com um infarto numa abertura de auditoria.

Nessa época, o registro das não conformidades era feito num formulário em papel cor de rosa, como já disse antes.

O líder da auditoria faz a abertura, explica os relatórios e apresenta o registro que usaria caso fosse encontrada alguma não conformidade.

Nesse momento, vira-se para a Representante da Direção e comunica que se esqueceu de trazer os formulários para registrar as não conformidades, tinha somente o original e pediu para que fossem feitas fotocópias do documento, mesmo que em preto e branco, A Representante toda solícita pergunta quantas cópias o líder queria e ele emenda: Acho que umas quarenta. Para hoje é suficiente.

O caso do "Veja bem..."

Gosto de contar em cursos que existe uma técnica que as empresas usam quando querem "enrolar" o auditor no momento de uma não conformidade.

Se o auditor fizer uma pergunta e o auditado começar a frase com a expressão "Veja bem", provavelmente vai "enrolar".

Gosto de provocar as moças e senhoras que quando o marido, noivo ou namorado for apanhado, possivelmente fazendo algo errado e for começar a explicação com essa expressão, pode começar a bater, ele estava mesmo fazendo algo errado.

A mesma teoria se aplica à expressão "Não é isso que você está pensando". É exatamente o que você está pensando.

Não concordância com não conformidades

O auditado e o guia do auditor devem concordar com a não conformidade.

Toda vez que uma não conformidade for detectada, o auditor deve, como já foi falado, relatar de imediato e buscar a concordância dos envolvidos.

Mas e se isso não ocorrer?

Não existe uma regra específica para isso, porém o auditor deve tentar convencer os auditados de seu ponto de vista.

Em havendo discordância, é importante que o auditor ouça a argumentação do auditado, que deve ser técnica. Muitas vezes o auditado convence o auditor de uma visão diferente da inicial. Isso não é problema.

Pode ocorrer de, por qualquer motivo, inclusive falha de comunicação, a primeira impressão estar errada, fatos não foram apresentados, uma parte não entendeu o que a outra colocou, enfim, o auditor pode se convencer de que aquilo não é uma não conformidade. Nesse caso, não se registra e a auditoria prossegue normalmente;

Se mesmo assim não houver consenso, o auditor deve, com toda calma e polidez que couber, explicar a sua interpretação dos fatos. Não havendo concordância nessa segunda argumentação, é melhor encerrar o assunto.

O que se percebe é que a partir daí não se chega a mais nada, vira discussão e tentativa de impor sua opinião e o restante dos trabalhos ficam comprometidos.

Convém lembrar que a palavra final da auditoria é do auditor líder.

Se o auditado que não conseguiu o consenso for um membro de equipe, caberá ao líder definir a situação e sua palavra será a final no evento.

A organização pode ainda recorrer de qualquer não conformidade ao organismo de certificação.

Relatórios de auditoria: um pesadelo

Pelo que tenho visto em todos os organismos de certificação que acompanhei em auditorias, pior do que auditar é fazer o relatório da auditoria.

A forma varia em cada organismo, porém a reclamação é a mesma.

É muita informação a ser colocada nesses relatórios e nem sempre a forma apresentada facilita a vida dos auditores.

Já vi auditores fotografarem áreas da empresa e anexar ao relatório. Particularmente considero absolutamente inadequado.

De toda forma, é fundamental que os auditores se preparem para elaborar os relatórios. Essa elaboração começa já na reunião de abertura com a relação dos participantes.

Normalmente os relatórios possuem várias informações, como o plano da auditoria, planos para as próximas auditorias e relação de não conformidades encontradas.

Mas o mais complicado são as notas de auditoria, ou seja, tudo aquilo que se viu na auditoria, incluindo os requisitos e as evidências encontradas.

Não se admite um relatório onde constem apenas as não conformidades por processo ou notas vazias, como: Processo auditado, foi encontrado em acordo com a norma.

É importante que as informações possam ser rastreadas.

Explicando: se um auditor atua em um determinado processo, um outro auditor deve ter condições de verificar a veracidade do que foi auditado.

Vamos exemplificar: Se um auditor vai ao processo de Recursos Humanos, deve indicar quais as funções foram verificadas e quais os colaboradores participaram da amostragem.

Se esses dados constam do relatório, é possível um outro auditor, numa necessidade, ir ao processo e verificar tudo o que foi auditado.

O mesmo raciocínio vale para as não conformidades que fazem parte do relatório.

Finalmente, é fundamental que no relatório conste a indicação do auditor em relação ao sistema auditado.

Algumas coisas podem sair errado

É fundamental que ao fazer o planejamento da auditoria o líder deixe um espaço de tempo razoável para elaborar o relatório. Não dá para deixar para fazer o relatório após a auditoria. O que se aconselha é que, numa auditoria mais longa, que envolva uma equipe a vários dias de trabalho, a cada dia o líder receba as informações e vá atualizando, dia a dia o relatório. Particularmente, nessas auditorias, toda noite eu reservo algum tempo para adiantar o relatório, de preferência concluindo tudo o que foi feito durante o dia.

Cobrar dos outros auditores, que a cada final de expediente elaborem seu relatório e vá atualizando também ajuda muito.

Outro problema é conseguir junto a empresa algum lugar reservado para trabalhar, principalmente na elaboração do relatório.

É normal que as pessoas da empresa, muitas vezes querendo ser agradável, ao concluir a auditoria ficar "puxando assunto" com o auditor que necessita de um tempo isolado e total concentração no relatório.

Para concluir diria que não é de bom tom a equipe deixar para enviar o relatório após a conclusão da auditoria, além de ser um complicador, já que ao finalizar um evento, normalmente o auditor já inicia outro. Assim, fazer e entregar o relatório ao cliente deve fazer parte da programação do evento, assim como remeter ao organismo de certificação.

Reunião de encerramento

Finalmente chegou o grande momento. Para auditores e auditados.

Para os auditores, porque a reunião de encerramento significa o final de mais um trabalho, ou seja, mais uma experiência, mais um aprendizado e muitas vezes o retorno ao lar.

Para os auditados, porque, normalmente, marca o final de um ciclo e evidentemente o início de uma nova fase.

É muito importante que nessa reunião estejam representantes de todas as áreas auditadas, embora isso não seja obrigatório, e a direção.

Existe uma formalidade que deve ser seguida, como confirmar escopo, confirmar o padrão normativo, salientar que foram auditados todos os processos e requisitos da norma ou que deveriam ser verificados nesse evento.

Agradecer às pessoas e à empresa.

Salientar pontos fortes da organização.

Tudo isso é formal e deve ser realizado em todos os eventos, por mais simples que sejam.

Quando correu tudo bem, não há não conformidades pendentes, tudo vira festa e cumprimentos. Nesse caso, o líder cumprimenta a empresa, passa o documento de recomendação ao diretor ou seu representante, passa a palavra à equipe auditora, se despede e deixa a palavra com a empresa.

Quando há problemas pendentes, a coisa não é tão bonita assim.

Existem alguns pontos para os quais se deve atentar. Reunião de encerramento não é lugar de se discutir não conformidades. Isso já foi feito no momento em que elas surgiram e nas reuniões diárias. Nesse evento, apenas se comunica que existem e qual o encaminhamento deve ser dado para correção.

Já aconteceu comigo de um diretor só aparecer na reunião de encerramento, munido de um consultor e dizer que gostaria, na reunião de encerramento, de discutir uma a uma as não conformidades e que não concordava com alguns pontos. Nessa hora já não dá mais para fazer isso. Passou do momento.

Os participantes desse evento devem ter registro e isso é passado para o relatório final do auditor.

Eu, particularmente, nunca cito nomes nem faço elogios pessoais a nenhuma pessoa, mesmo que o Representante da direção ou algum outro membro tenha destaque na condução do sistema. Entendo que sempre o mérito é da equipe e quando citamos algumas pessoas sempre corremos o risco de esquecer algum nome e magoar as pessoas, então sempre elogio a equipe.

Gosto também de lançar a ideia de que a certificação em si é apenas parte de uma estrada que começou no instante que a empresa definiu pela implantação do sistema e que não tem um ponto final. A certificação não é o final, é apenas um ponto nessa reta. A partir do momento da certificação, começa a manutenção do sistema.

Outro ponto que gosto de ressaltar é que em muitos ramos de atuação, a partir do momento que a empresa está certificada e exibe, de forma justa, o seu certificado, é mais exigida pelas partes interessadas, dessa forma, normalmente a responsabilidade aumenta.

Para concluir, gosto de ressaltar que sempre sou questionado se é mais difícil conseguir uma certificação ou manter essa certificação.

Digo que nenhuma das duas. Na minha experiência, o mais difícil tem sido as empresas usarem e usufruírem do sistema.

A organização gasta muitos recursos, humanos e financeiros, além de uma energia enorme para desenvolver, implantar e certificar um sistema de gestão e depois não usa as ferramentas em seu benefício. Não se trata de divulgar a certificação, trata-se de usar as ferramentas da norma para ajudar a encontrar os melhores caminhos para a empresa como um todo.

Por fim

Quando me propus a escrever esse livro, só tinha o objetivo de passar informações acumuladas durante esses longos anos auditando e trabalhando com os sistemas de gestão propostos pela ISO.

Não tenho qualquer pretensão de encerrar o assunto, nem ser um mestre nele. Sei que existem muitos profissionais excelentes se dedicando a essa missão pelo Brasil afora, que poderiam ter feito um trabalho melhor do que eu me propus.

De qualquer maneira, dediquei-me ao extremo durante todo um ano em recolher, relembrar e colocar no papel a experiência de vida.

Queria ainda dizer que acredito sinceramente no que é proposta pelas normas que existem e que tenho a convicção que elas podem melhorar em muito o desempenho de nossas empresas, de nossa sociedade e, com isso, do país como um todo. Sou testemunha de que muitas empresas e alguns segmentos tiveram enormes avanços por ter acreditado nesse modelos de administração.

Quero ainda agradecer a tantas pessoas que me auxiliaram nessa caminhada. Como já disse no capítulo relativo às reuniões de encerramento, nunca cito nomes por medo de esquecer ou omitir alguém, o que não seria justo.

A verdade é que não tenho ideia de quantas empresas eu já auditei, de quantas colaboraram de uma forma ou outra para minha formação, assim como com quantas pessoas tive o prazer e privilégio de conviver nesse tempo.

Quero ainda fazer um agradecimento especial a todos os auditores com quem tive o prazer de trabalhar. Alguns já não estão mais conosco, outros se aposentaram, outros estão bem ativos e muitos estão começando uma carreira difícil, mas que apresenta muitas recompensas.

Ainda quero auditar por mais alguns anos, ainda vão ter que me aturar em mais alguns eventos. Ainda vão ter que rir de algumas piadas antigas ou sem graça, mas saibam todos que, em cada dia em que auditei, procurei dar o melhor de mim em prol das empresas e das pessoas.

A todos, o meu muito obrigado!

Grupo
Editorial
LETRAMENTO